翻轉

Teach&Learn

8位老師帶你走進不一樣的教室

香港翻轉教學協會 著

序

探本窮源：翻轉的形與意

侯傑泰

香港中文大學教育心理學卓敏講座教授

　　喜見夏志雄先生與眾多老師，共同分享他們翻轉教學的經驗，拜讀了他們的文章，令人對香港老師的專業、進取精神，深感敬服，亦對香港未來的教育充滿希望。

內疚與慚愧

　　二〇一三年我開始寫報紙文章及舉辦論壇推廣翻轉教學，源於當時見到一些地方的前線中小學老師，早已洞悉這機遇，他們比大學師訓教授更熱心推動教育改進，不禁心中有愧。

　　至今，香港已有頗多中小學老師投入大量時間及精神於翻轉教學，不但在自己課堂翻轉，還邀請同儕觀課，也組織學會及外出取經。反觀大學及師訓機構，使用的人為數並不多，大部分人仍是喜歡「講書」。香港的大學體制，上課形式的自由

度也不大,所以答應寫這序言,也是替內疚感「贖罪」。

牛奶瓶加圖畫,孩子更快高長大?

當年電腦走入課堂,大家都充滿希望,但跌跌撞撞,我們距離目標仍極為遙遠。經濟合作發展組織(OECD)二〇一五年所發表的電腦與教學報告,對我們甚有啓發。

他們研究數十個國家或經濟體,結果顯示一般在學校用電腦學習多的地方,在家也多用電腦學習,如丹麥、澳洲、荷蘭、捷克等。相對而言,日本、上海、韓國、愛爾蘭等地方則較少使用電腦。有趣的是,芬蘭在學校使用電腦教學頻率上屬中等,世界各地中,他們可算極少在家使用電腦學習的國家。

OECD 比較這些地方十五歲學童從二〇〇〇年至今,在閱讀、科學及數學成績的改變,結果顯示多用電腦並無裨益,那些較多用電腦學習的國家,甚至令成績下降。如何正確借助電腦改進學習?簡單而言,過去二十年所用的方法未必有效。

學習並非一個簡單的過程,知識經由傳授者(網絡或教師),變成學生真正擁有並可靈活利用的知識結構,是一個頗複雜深奧的過程。我們現在使用電腦的方法,只是在知識傳送上,增加點花樣及便利,這些對知識的內化吸收及轉化成牢固的結構,不一定有幫助。

很多時候,增加了花樣,可能反而阻礙了知識的強化及吸收。這正如學習中國文字,在欣賞詩詞時,胡亂加上插圖、音樂,最終甚至以圖畫完全替代了文字,究竟是促進學習還是阻礙欣賞文字及詩句,值得反思。

給孩子送營養，在牛奶瓶上加圖畫，可能暫時吸引小孩喝牛奶，但小孩要是因此吸引去看圖畫或轉做別的事情，最後我們甚至忘記初衷，以送圖畫代替送牛奶，對小孩的營養吸收，可能得不償失。善用電腦及網絡，我們應深思學習的根本目的及意義。

翻轉後的課堂安排

在這種情況下，翻轉教學似乎能帶來新轉機，重新反思教育學生的目的。這裏先容許我簡單介紹一個典型的翻轉後的課堂安排，以新加坡南洋理工大學醫學院團隊的用語「ITC」作框架（Team Based Learning at Lee Kong Chian School of Medicine, Nanyang Technological University）。

I-Individual Readiness Assessment：學生自己做一些題目，了解自己有哪些地方已掌握或未明白。老師可以在課堂簡單發問，亦可以在電腦上提供問題，每個學生自行回答。評核方法可以由老師收回答案紙、學生互評或電腦評改均可。需要注意的是，有個別評核，學生用心預習的機會也增加。

T-Team Readiness Assessment：學生之間以小組形式討論，可以是先前的問題，也可以是更複雜的應用個案。小組成員宜高低能力學生搭配，這是學生互助促進學習的機會。我們也可以輪流隨機要求小組學生講解回答，加一些小組表現分，以外在動機促進組員互助明白重點及解決問題。

C-Discussion and Conclusion：老師在大班講解答案及總結，指出各組對錯地方。若有時間，更可安排跟進的個別或小

組練習。

　簡而言之，ITC 是個人評核、小組討論學習及大組總結。

課堂活動才是翻轉的精髓

　翻轉教學的要旨是學生在家預習教學影片，在課堂參與教學活動，將課堂和家中的學習模式翻轉。然而，在大部分情況下，老師親身講解可能比簡陋的視頻更為有趣，所以很多人一聽說翻轉課堂涉及視頻教學，便會說「學生很喜歡我真人上課，不會喜歡看我的視頻」，而因此反對翻轉課堂。

　其實，翻轉的真正目的，並不是為了給學生看影片，而是要釋放上課的時間，以安排更豐富的課堂教學活動，包括辯論、外訪、比賽、個案研討、複雜難題解答、實習等。這些過往無法安排時間進行的活動，現在因為教學的「翻轉」而得以實現，課堂不再全部被講授佔用，得以騰空更多時間，有機會進行深化學習的活動。所以，豐富的課堂活動才是翻轉的精髓。

翻轉不等於拍片　慎防畫蛇添足

　我們明白，拍片主要用於替代課堂講授，其實很多時候，僅僅文字加圖表已可替代動畫或影片，用書本材料也可以。拍短片的作用在於提綱挈領地介紹學習內容，方便學生自學其他部分。對不喜歡看文字或缺乏動機的學生來說，看短片也是加了一點吸引力。

其實，翻轉正是傳統上的預習。研究生預先看文章，上課時做深入探討；中小學預先備課，上課時查問，是內地大部分名校的傳統教授方法，他們也只用紙本的預習教材。

現在自行攝錄、製作短片容易了，老師可以加了一節影片簡介、導讀材料。但是要看每節具體內容，原原本本將所有文字材料變成視頻短片，不一定更有效率。例如很多數學推算，短片有可能更難講明白，書面材料可以多頁迅速翻閱，反而有助於全面了解。

我無意在這裏分析何時需製作短片，何時需用文字加圖表，但將翻轉等同拍片，會誤導大家浪費時間製作短片，反而畫蛇添足、事倍功半。

翻轉的終極

電腦與老師可以分工。我們將重複的工作及電腦易於執行的工作交由電腦去做，每年講一次的笑話也可以預錄。那麼課堂上我們會有更多時間解答個別同學的問題，令知識的掌握更深化及牢固。

對於某些內容專題及科目，因為預先轉變的材料包括短片、文字、圖表、練習等，他們已足夠支撐學生以自學形式去完成整個課程。傳統上很多遙距課程，也是這個模式進行，只是因為短片易於製作，現在我們更廣泛應用短片輔助教學。

要是大家同意這分析，那麼我們應大膽重新規劃課程。部分學科的時間安排完全自學，老師站在課堂上講授式上課的時間，可以因而大大縮短，我們將可以省下時間用作實習、外

訪、專題探究等更適合現行社會的學習方式。成人社會更講求合作、自我調控、不斷持續進修，這些模式的學習更應該於中小學學習期間進行。

讓我們一起欣賞各老師的精彩文章。

從嘗試翻轉到推動及組織同路人──夏志雄老師

文章讓我們看見一個不甘平凡教學的數學及資訊科老師──夏志雄老師，怎樣由二〇一二年用 iPad 拍教學短片開始，走進了一個充滿人生意義及貢獻的翻轉教學歷程。他作為一個資訊科技科的老師，鑽研各種拍片技術、網絡平台等方法，當然有更強優勢。但更重要的是，他總是找機會分享及推銷他的經驗及成果。二〇一三年我在報章發表翻轉課堂的文章後，他主動聯絡我討論問題。我也大膽在未曾謀面下，邀請他共同舉辦講座。當然他最近多年推動並組織業界分享教學，成就斐然，大家有目共睹。香港老師中臥虎藏龍，他們的學科知識與教育熱忱，公眾未必有機會容易察覺到。看來教育局、大學等專業團體，如何能支持並搭建適合平台，讓他們發熱發光，值得深思。

簡單製作照顧個別需要──蕭煒炘老師

這也是一個充滿使命感的老師嘗試突破教學法的故事。蕭煒炘老師對一些有動機學習、但需要多講解一次的學生，尋求有效的教學方法。她嘗試不同的錄影方法，有時也匆忙地做一些最簡陋的攝錄，但這些都不妨礙成效，因為最重要的是，移除了課堂講授，她有更多機會在課堂上個別協助學生。這也令

學生感到老師與他們同行，師生的終生關係也就是這樣建立起來的。

為了減少補課躍進至靈活運用教學軟件——林振龍老師

　　林振龍老師開始翻轉課堂是為了減少補課，正如我們學習任何新教學法一樣，他也是不斷由失敗中學習。不同的是，他從不氣餒。學生的反饋，激使他思考並嘗試改進。如今他已能得心應手地應用各種教學軟件，去處理不同專題的學習。他不但展示翻轉教學，也是提供恰當應用資訊科技於教學的示範。就如不同兵器各有其特性，如何靈活組合應用才是最高境界，而翻轉不可能是終極。

不斷自學反思——鄭淑華老師

　　看畢文章，還以為是出自一位任教資訊科技科的師訓教授之筆。鄭淑華老師閱讀及關注的都是教學上大大小小的現實問題，她總是不氣餒地深切思考如何改善。有兩點值得留意，首先，她不閉門造車，總能夠從不同講座、書本等不斷「偷取」營養、吸取理論或經驗，去找出路及改善方法。其次，她勇於嘗試，能夠在短時間學習新近發展的拍片剪輯技術，並不是容易在中文科老師中找到的。她的各項教學方法完美嗎？並沒有，但我同意她的結論：「只要在乎，學習就會發生；只要在乎，動機就會內化。」

以愛去支持教學——薛子瑜老師

　　在一個並不算愉快的偶然情況下，薛子瑜老師開始他的

「翻轉教學」模式。事情一帆風順嗎？並非如此。就算在如何編組上，薛老師也費盡思量，以歷史人物加上教育學理的考慮，提出多種編組策略。薛老師有自己的一套觀察及體驗，他的教學模式就算有各種未盡完善之處，但學生總是感到老師的愛護與關懷，如果缺乏來自學生的信任，任何新的教學法都會是徒勞的。如何讓學生感到我們的關愛？薛老師提供了一個很好的示範。（又，薛老師認為，翻轉就算每天改善1%，一年成效也甚大。是的，以複利率計算，$(1+0.01)^{365}=37.8$，簡單計算便知，這是天文數字的進步！）

時代使命去照顧學生差異──梁靜巒老師

梁靜巒老師也不是任教資訊科技科的，她的翻轉課堂經驗也不算順利。副校長觀課後的評語對她是一個打擊。可是，信心並沒有從天上掉下來，她是經過跌跌碰碰，邊走邊試邊學，才一點點看見教學成果，才體驗到學生們成功的喜悅。梁老師富時代使命感，不甘於視教育為一份「工作」，她看到世界的變遷，也迫切希望協助及好好裝備學生，去迎接這未來世界的挑戰。

用教育學去思考資訊科技教學──李智偉老師

作為資訊及通訊科技科的李智偉老師，對如何製作短片等技術，當然是得心應手。更重要的是，他對翻轉的重點及關鍵要素有充分的把握。他正確指出翻轉基本上是預習，並不是甚麼新生事物，這讓我們能夠有一個正確的角度，去思考及處理翻轉遇到的各種挑戰。文章中，他對多個嘗試翻轉時常見的困

惑，提出一些解決建議，值得新入門者參考借鑒。我們更期待李老師對翻轉作更多深入的研究與探索。

不斷思考探索──張展瑋老師

「翻轉重新整理出傳統預習的意義。」張展瑋老師的判斷是正確的。

在電子化時代，如何有效地善用電子教學去預習，並無簡單方程可依循。在探索初期，張老師確實透過上課、任職相關工作，以及參加大小不同研討或國際會議，去踏出翻轉的第一步。但在往後日子，他不斷監察自己教學的成效，訪問學生分析問題，然後調較方法再嘗試，這不斷反思自我完善去解決問題的策略，正是我們希望學生必須擁有的二十一世紀學習方法及態度。

序

找到改變的勇氣！

II

葉丙成

台灣大學電機系教授、PaGamO 創辦人

　　從我教書開始，我一直認為好的老師，就是上課講演要將
教學內容講的很清楚、很有趣。教書生涯的最初十年，我花了
很大的心力去讓自己的講演做到這一點。一直到八年前，我得
到台灣大學頒發的教學傑出獎，在領獎的那一剎那，我以為自
己在教書上的追求已經到頂，以為自己的教學已經完美了！

　　結果隔天在教室教課，發現還是有學生打瞌睡！這給我很
大的震撼，我這才領悟到，講得清楚、有趣是每個老師都該做
到的基本；但對一個沒有動機學習的學生來說，老師講得再清
楚、再有趣，也沒有用。一個老師更重要的使命，是怎樣讓學
生有動機學習。於是，我開始思考怎樣改變我的教學。

　　我開始設計遊戲、開始設計翻轉教學的模式。過程當中遇
到林林總總的問題，我總是絞盡腦汁想辦法解決。雖然辛苦，
但每每看到學生的改變、教室中跟以往完全不同的風景，讓我

感覺到非常開心、振奮！教書對我來說，不再只是準備演講而已，而是一個怎樣使學生動起來、願意學習的系統工程；而我就像工程師一樣，不斷去設計新的方法，讓這個系統運作得更順利。教書變得更具挑戰，也變得更有趣了！

這些年，在發展出一套我的「BTS 翻轉教學法」之後，我開始應邀到亞洲各地去做分享。在這當中，「香港翻轉教學協會」的老師們讓我印象非常深刻。香港翻轉教學協會的夥伴老師們，對於翻轉教學都有極高的熱情。而且在這幾年，我看到這些老師們不斷地精進自己的教學；不但去觀摩香港以外其他地方的教學模式，也發展出屬於自己的教學設計。香港老師這種不斷精進的動力、想讓翻轉教學在香港生根的熱忱，真的很讓我感動。

然而萬事起頭難，推動翻轉教學，想讓其他老師願意做改變，跨出第一步往往是最困難的。香港翻轉教學協會的夥伴們，這次出版的這本書，我覺得非常的棒！由這些投入翻轉教學的香港老師們現身說法，講他們的故事，各自提到自己當初在教學上所遇到的問題而想要突破，然後怎樣遇上及運用翻轉教學解決問題，在翻轉的過程中又遇到甚麼困難及如何解決。

在這本書裏面所談到的教學問題，其實都是很多老師在每一天課堂都會遇到的。面對同樣的教學問題，書裏面這些老師選擇不去忍受，而是去面對、去設計屬於自己的翻轉教學法；而且過程中不斷地試驗、不斷地去解決問題。我認為最關鍵的並不是教學法本身，反而直接面對問題、去解決的精神，才是我們作為老師最可貴、最值得學習的。

過去當我們獨自面對問題時，我們總是覺得孤單、渺小。

這本書裏老師們的故事，會讓你在面對教學的問題時，更有勇氣。因為你會發現原來不只你自己，其實很多老師都一樣面對這樣的問題。他們能做到，你也能夠做得到！

期待這本書能幫助更多老師，找到改變自己教學的勇氣！

序

III

香港式的翻轉

夏志雄
香港翻轉教學協會主席

　　屈指一算，我已投身在教育界工作三十年。還記得初入行時，看過一本書，開首第一句就是：「教，就是要學兩次。」（*To teach, is to learn twice.*）

　　第一次的學習，相信是在年少求學時期。但要教人，就需要重新消化知識，並思考施教的方法，這是第二次的學習。可是，「翻轉教學」的來臨，我相信我們要學第三次，捨棄舊有方法，重新學習如何教。

　　何謂「翻轉教學」？簡單來說，就是「*classwork at home, homework in class*」。學生在家自學，課上討論、做功課，最終使課室更人性化。二〇一二年，我有幸拜讀《時代》雜誌的報導，驚嘆竟有人想到這樣創新的教學法，於是決定一試翻轉。為甚麼？因為我想知道，這個源自美國的教學法，在香港的教育制度可行嗎？外國的教育工作者做得到，香港的教育工

作者這樣忙碌，我們也做得到嗎？在嘗試翻轉的過程，充滿了各種發現、驚喜及困難。但永沒想到的，是今天可與一眾熱心同工，透過文字及圖像，與大眾分享我們的翻轉故事。我並沒有發明翻轉教學法，我是把這創新方法在香港實踐並加以調息，可以說是一種「香港式的翻轉」。

這幾年來，我跟數以千計的香港老師接觸、交流、主持講座、辦工作坊、介紹翻轉教學，了解到香港老師的困難：學生能力差異大、工作量大、教學進度緊張、無暇兼顧新教學法等。但諷刺的是，翻轉教學，正正是有望解決以上問題的創新方法。

有時我會問自己，為甚麼那麼喜歡翻轉教學？除了一般的背景因素，例如一向喜歡科技、喜歡設計課堂、喜歡教學外，我更發現更貼近真相的，就是我因著翻轉教學，可完全地表達自己對教育的熱情！正如肯‧羅賓森（Sir Ken Robinson）在《發現天賦之旅》（*Finding Your Element*）一書中提到：「*Being in your element gives your energy. Not being in it takes it from you.*」

在教育上，我深信我已找到自己的天賦（element），但是單憑一人的力量也是有限，而廿一世紀推動教育革新，團隊合作比單人匹馬能走得更遠。所以在兩年前，我聯同一群熱心翻轉的老師及夥伴，組成「香港翻轉教學協會」，凝聚力量，互相支持。本書的多位作者，都是協會的幹事及熱心會員，他們任教不同科目，也印證翻轉教學並不是由一、兩科老師所專美。我很欣賞鄭淑華老師的拼搏精神，把中文科及科技翻轉融合得天衣無縫；英文科梁靜孌老師靈活多變，對各種嶄新教學

科技觸角敏銳,她更是一名運動健將;數學科林振龍老師,以其科主任的身份,把翻轉教學有系統及巧妙地整合在教學架構中,他平日更熱愛音樂;中史科薛子瑜老師,翻轉之餘,更體貼學生心理的需要,也是香港少數懂得用薩提爾模式(Satir model)教學的老師;化學科蕭煒炘老師把視覺藝術融入她的翻轉教學中,本書中的插畫也是出自她的手筆;ICT科李智偉老師致力對翻轉教學進行學術研究、寫論文,這也是翻轉要在學術界確立地位不能少的工作;通識科張展瑋老師對翻轉教學有極為細緻的分析,每一個細節為甚麼及應該要怎麼做,他也思考得通通透透!我十分感激這群老師,沒有他們的付出,本書的翻轉故事就有欠完整!

此外,我還感謝以下各位,他們直接或間接幫助我踏上了奇妙的翻轉之旅,包括我的太太,其實是她在二〇一二年把《時代》雜誌有關翻轉教學的報導給我看的,那本雜誌我還保存至今;香港真光中學舊同事 Mabel,她是第一個把 iPad 展示給我看的人,自此我便認定這是電子教學不可少的工具;香港真光書院朱嘉添老師,是他和我一同說服各自的學校,聯合參與教育局的電子教學先導學校計劃;香港中文大學侯傑泰教授,他給予我寶貴的合作機會,一同向數以千計的老師介紹翻轉教學,場面難忘,使我見識到更高境界的翻轉,而侯教授也為這本書寫了序言,在這裏再次感謝他;香港中文大學莊紹勇教授,是他邀請我設計及任教香港第一屆翻轉教學教師培訓課程,還有與我一同任教課程的余近卿中學文可為副校長,他在課程執行提供重要支援。我後來成立的「香港翻轉教學協會」(以下簡稱翻協),其中有不少幹事及會員,也是來自這一系列

課程的學生；香港真光中學前校長關雪明女士，她是翻協的榮譽顧問之一；香港大學霍偉棟教授，在他的穿針引線下，我們在香港大學百周年校舍，舉辦了第一次翻轉教學集思會；還有台灣大學葉丙成教授，他是台灣翻轉教育的推手，翻協在今年辦的第一屆香港國際翻轉教學研討會，葉教授是主講嘉賓之一；他也為這本書寫序言，在這裏再次感謝他！

最後，我希望鼓勵正在看這本書的教育同工，嘗試考慮革新自己的教學。以我為例，即使我以傳統方法教學已有二十多年，一樣可以翻轉，印證了積習及慣性，不一定是改變不了的理由。我相信香港老師不乏翻轉的能力及靈活的頭腦，只不過是欠缺一些環境的配套及一點翻轉的勇氣罷。讓我們一同加油，坦然接納自我，找回自己投身在教育工作上的價值，分辨那些可以改變的事物，抱持改變的勇氣，那麼，翻轉 teach and learn 也會頓變輕鬆自在！歡迎走進我們不一樣的教室！

目次

1

翻課等於拍片嗎？

拍片只是翻課的其中一環，除了拍片，翻課還有「課堂教學」及「評估」部分。拍片的原則是根據任教學生的特質、對學科概念的理解表達所進行；幫助學生在課前學習，也是教學設計的預習部分；同時也可減少學習差異，讓課堂教學更順暢。當然課前預習除了拍片，也可用其他文本或方式進行。此外拍片可以長期保存基本知識點，當不同學生向你詢問同一基本知識時，可以讓他們重複看片，讓老師騰出更多時間進行個別或小組拔尖訓練。

2

翻課會增加老師工作量嗎？

翻課會否增加老師的工作量，這要視乎是以「附加」的形式，還是「改變」的形式去推動翻轉課堂。如果是以「附加」形式去推動的話，即是老師仍要在平日批改大量家課，另外再加上拍攝備課影片，以及準備翻課後在課堂上進行的教學活動。這樣做，不只老師，學生都會疲於奔命吧。

所以，推動翻課的重點是思考傳統課堂中未能發揮教學效能的地方，將這些措施除去，並重新思考這些資源能

以甚麼創新的方法去「取代」它。從這個方向來看，翻轉課堂並不需要增加老師的「勞力」，而是要老師多運用他們的「腦力」，多嘗試，多與其他翻課老師交流，破舊立新，令學生投入、努力學習。假如老師看到這些成果，相信多用一些「腦力」也是值得的。

3

影片需要每一堂都拍嗎？

承上題所講，翻轉課堂需要的是老師的「腦力」，並不是老師的「勞力」。形式化地每一堂、每一題也拍攝備課影片，明顯是在消耗老師的「勞力」，並非一個對學生與老師有益的策略。翻課老師需要拍攝的，是適合學生能力，讓他們可以在家中獨立學習的影片。例如對能力較弱的學生，影片內容的重點可能是幫學生溫習，完成家課。而對於能力較高的學生，重點可能是準備下一個課題或講解一些較艱深的課題。最重要的，是教學影片必須要合乎學生的需要，否則，拍多少條也是浪費時間的。

4

翻課是否能提高學生成績？

這迷思絕對是進行翻課前經常聽到的考慮因素，縱使

我們在互聯網上不難搜尋出數以千份講述翻課能提升學生成績的研究文章，但原則上我們不應為此問題提出絕對的答案。原因如下：

A. 翻課並沒有統一的模式，不同的老師，不同的校情，不同的學生，以及不同的資訊科技應用，都會產生各式各樣的翻課模式。

B. 學生學習能力的差異，理論上我們可以量度整體學生的成績會否因有翻課而提高，但我們更看重是每一位學生的進步，成績的提升只能反映學習的其中一部分。

C. 文獻上的結論只能代表該研究的成果，並不代表能套用於各類學校情境，與其把焦點只放在成績，何不想想翻課能否提升學生的學習動機？翻課能否讓老師重新設計課堂？翻課能否讓學生更投入課堂活動？

5

單人翻課比協作翻課更好？

俗語有話：「一個人走得快，但一群人走得更遠。」一個人如果有決心進行翻轉教學，無疑是起動得比較快，因為有甚麼問題就單獨解決，也毋須與人協調及商討。可是，因著翻轉課堂是徹底改革個人教學模式，工作量大且對老師的心理素質有較高要求，單人匹馬式的翻轉在中途放棄的機會是不容忽視。所以，如果翻轉過程有夥伴支持，大家分工合作，互相砥礪，就可以打持久戰。例如任

教同一級同一科的老師，如果打算一齊翻轉，就可以共同分擔製作教學影片的工作，遇上各種前所未見的問題，也可共謀對策。所以從老師角度來看，協作翻課，會比單人翻課更好。

6

翻課有沒有方程式？

這問題不容易答。若答案是「有」的話，論據是從理念層面出發；若答案是「沒有」的話，則是從實際科本操作出發。翻轉教學，大家都會明白，主要功用是在課堂上處理較高階或較深的學習活動，因為學生可以得到老師的協助。因此，翻轉教學中的「課前預習」、「課上討論／知識應用」、「課後習作」（因科本而定），便成為了一個實踐的大方向，也可被視為「方程式」。

然而，若從科本教學出發，單以數學科與通識科為例，兩者的教學策略便有明顯分別。數學科著重訓練學生解難、數字邏輯，而題目操練則為箇中的方法；通識科重視學生討論、表達、推論的完整性，對議題思考的深刻度，這牽涉到大量閱讀及討論以訓練。因此，兩者便有明顯分別，具體上操作上的模式也會有不同，故翻課未必一定有絕對方程式。

7

是否每一條片都要自己拍，可否用他人的影片？

這道問題不容易回答。教師工作量繁重，未必能持續地進行課前拍片，因此可能會思考使用同儕製作的影片，但當中是否可行實在需要視乎教師的翌日的課堂教學安排。如前所述，翻轉教學著重「預習」與「課堂教學」的連貫性，因此，如果預習影片所帶出的內容能夠完整地配合翌日的課堂教學，則影片由教師自己拍或使用網上其他教學資源分別不大。唯一要注意的，是教師或講者的風格各有不同，該影片的講授方式是否適合自己學生，也需要教師的專業判斷。

8

翻課是否需要每晚都觀看影片？

視乎科本情況，當中關鍵是教師的教學安排。以通識科為例，一般來說，以每課節四十分鐘為例，一個議題的討論時間大概為四至六節課，當中可能會牽涉到議題成因、影響、建議、評論等不同範疇的討論，每一節課或每連堂都有其重點教學活動，教師可因應不同教學活動的需要而決定是否需要製作教學影片。同樣，以數學科為例，如果一個課題的操練是貫穿一整個星期的話，則教師要考

慮是否需要同一個課題拍攝不同的影片或以一重點影片貫穿整個課題，這些都需要按教師的專業判斷及教學風格而定。

9

翻課預習是否等於學習的全部？

當然不是。預習是為了讓學生在課堂活動內更容易吸收知識。而老師在課堂上不應只教授知識，如果學生自己預習或在網上學習便是學習的全部，那老師不就會被取代嗎？預習只能學習陳述性知識，如要深層思考或進一步研究該學科內容、議題，則需要老師在課堂上引導學生思考，培養高階思維，這些都不是只靠上網預習做到的。翻課的重點在於學生在課前習得基本知識，然後在課堂上有更多時間深入討論，深化知識，所以預習只能獲得一部分知識，而非學習的全部。

10

翻轉教學是否精英主義教育？

不是。翻轉教學重點在於「教師在場協助學生處理較高階的學習活動」。因此，「教師協助」便成為了當中的關鍵。學術界長久以來都存在著翻轉教學是否精英主義教

育的討論，因為當課堂釋放出時間讓老師及學生共同處理
高階的學習活動時，能力較高的學生會主導著課堂。然
而，在這個情況下，教師可以通過協助能力稍遜的學生，
讓他們也能更容易地跟上課堂進度，因此，翻轉教學並不
是精英主義教育，而是讓不同能力的學生都有所提升。

11

是否只有數理科才可以翻課？

一般人認為，數理科通常把基本定理、公式概念、邏
輯圖像和符號拍成短片讓學生預習，課堂上再深入轉化使
用操作、解難；這樣的教學模式較容易掌握。但對於語文
科、人文學科或術科來說，上述模式較難實行。其實這兩
大領域主要分別在於文字與符號的表述。數理科善於用符
號為主、文字為輔來解釋基本定理或公式概念；語文科、
人文學科或術科卻與之相反，這樣在教學過程中必有不同
出發點與角度。其實這些科目在翻課的預習上都是讓學生
對基本知識有清楚認識和掌握，然後在課堂上進行應用、
分析、評鑑及創造的能力訓練或價值觀輸入。簡而言之，
任何學科的基本能力要求可以在翻課的預習部分進行；批
判性思維訓練、高階能力訓練、價值觀比較討論則在課堂
上進行。

12

翻課是否等於科技教學？

　　不是的，科技教學是達至翻轉課堂的其中一個手段；而翻轉課堂的核心精神，是活化課堂，讓學生重新擁有成功的學習。科技教學在翻轉課堂的其中一個角色，就是老師把課堂的講授部分製成影片給學生預習，騰空出來的課時便可作互動教學或完成作業。在香港，因著政府推動電子教學，學校設立無線網絡，購置平板電腦並推利自攜裝置計劃（*Bring Your Own Device*），使電子教學日漸普及。老師如能善用科技環境帶來的優勢，將有效透過翻轉課堂提升學與教效能。而在一些科技教學沒那麼普及的地區，翻轉課堂則較聚焦於課堂設計及班級經營。

13

翻課是否只是教學方式、手段或方向？

　　翻課是一種教學方式、手段或方向，但其可發展潛力，遠不只是另一個教學方法。因為翻課翻得愈全面，愈深入，最終會帶來整個教學生態上的根本改變，顛覆傳統教學。例如翻課老師會把教學內容上載至雲端學習平台，愈上載得多，學生就愈能隨時隨地存取整個課程，使學習過程更具彈性更自主，也更有安全感。而老師在課堂上有

大量時間作更針對性教學活動，對學生有更個別照顧。在美國其中一位最先在課室實踐翻轉教學的老師強納森‧貝格曼（Jonathan Bergmann）曾經形容，翻課不只是另一種教學法，而是教學法的教學法（meta-pedagogy），成全各種教學法在課堂上的實踐，例如自主學習、專題研習、探究式學習、STE(A)M 教學、學思達等。

14

翻課拍片是否需要完美？

當然片段的學科內容不應有錯。但這世上應該沒有完美的教學片。適合我的影片，未必最適合你。而且每一位老師都有自己的教學特色和適合自己學生的內容。最重要的是，老師要清楚拍片的教學目的：我為甚麼要拍這教學片？我最想學生從教學片中獲取甚麼信息？我想學生看完片段後，能掌握甚麼技能？學生看完影片後，課堂上有甚麼活動去鞏固學生的學習？只要是最適合學生、符合課堂目的，這樣的影片就最完美了。

而且，在拍攝途中真的有錯，也不用重複拍攝。畢竟我們不是電腦，讓學生看到老師最真實的一面，才能和學生建立關係，只要更正錯處就是了。你在課堂中是怎樣教授，就把這一面錄下來！我們都從經驗中學習。只要開始拍第一條片段，就會愈來愈熟悉，愈來愈能掌握拍片和設計課堂的技巧。所以，翻課拍片並不需要完美。最重要是踏出嘗試的第一步。

開始對專

全課堂要待不一樣！

1

夏志雄老師

俗語有說：「一切開始都有結束。」（Everything that has a beginning
has an end.）但對我來說，由七年前開始醞釀「翻轉教學」，到
今天我仍然在努力推動這場運動，也許翻轉教學，將
會是一個永不終止的故事。

我如何走上「翻轉」之路？

參與先導計劃　將科技融入課堂

　　二〇一一年，香港教育局推行電子學習先導學校計劃，邀請全港學校撰寫計劃書申請。在一個大型的官方簡報會中，主持官員講出在學校推行電子教學其中一個重點，就是先導學校會成為試驗創新教學法的一個場地，而我就是被這句說話打動了！投身教育界已近二十年，若不創新，又怎可能裝備學生面對二十一世紀的挑戰？於是在校長的同意下，我聯同四間在香港的真光學校組成團隊，共同撰寫計劃書申請。結果，我們入圍了，而且計劃書也是二十一個入圍組別中最高分的，意味著

計劃的理念得到政府的認同。於是,我們抱著勇於一試的心態,開展電子教學。

在撰寫計劃書時,出現過小插曲,就是我們應該選用哪個平台的電子裝置?欣逢學校一位同工 Mabel 的美國朋友買了第一代 iPad,並帶到香港給她,她把 iPad 展示給我看,我就即時愛上了這個工具!不論在使用上的流暢度或外形設計,皆是出眾的,如果能夠在課室使用這麼厲害的工具,那將會是學生及老師之福!但當時香港還未有行貨出售,準確點說,是 Apple Store 還未登陸香港,也沒有 iPad 的零售商店。於是,我就到深水埗的電腦商場碰碰運氣,結果我成功買了人生第一部的平板電腦,並開始向另外三間真光學校的同工推介。

在其中一次四校會議中,有同工反問為何一定要使用 iPad 做電子教學?為何不使用沿用多年的視窗作業系統,或者 Flash?這些科技早已成熟,我們也較熟悉,為何要選用一個我們並不熟悉的平台?當時我的回應是,我們必須理解何謂先導計劃?先導就是作先鋒、敢於創新。當其他人不敢嘗試,或甚至未有想過嘗試時,我們就要離開自己的 comfort zone,去嘗試別人不敢嘗試的,去做別人不敢做的事!當然,這個講法是逆水而行(swimming against the social current),但這卻是創新者必要具備的素質。結果,透過各個夥伴及學界同工的建議,以及學校同工們的努力,成功地把科技有效地融入課堂。

受《時代》報導啟發　開始「翻轉」

二〇一二年七月的《時代》雜誌（*Time Magazine*），報導了翻轉課堂代表性人物薩爾曼‧可汗（*Salman Khan*），他得到比爾‧蓋茨（*Bill Gates*）的支持，設立了網上學習平台可汗學院（*Khan Academy*），為世界任何地方的學生提供網上優質的學習。我太太一向有訂閱《時代》雜誌的習慣，她把雜誌給我看時，我被這個教學模式所震撼！一本擁有相當國際地位的雜誌，竟會用那麼多篇幅去報導一個教學法，這個教學法一定有不同凡響的地方！

雜誌報導，傳統教學是學生上堂聽書，然後回家做功課；而翻轉教學就是把這兩件事的時間對調，即是學生在家中聽書，然後回校做功課（lecture at home, homework in class）。但是，老師不會在學生家中授課，那麼學生在家中又怎能聽書呢？答案就是透過科技，老師找尋或製作教學影片給學生在家中上網收看！從另一角度看，學生在家中聽書，等同透過科技預習。這個絕對創新的教學法，觸動了我強烈的好奇心：這樣子教學，可以嗎？

雜誌更報導了 *Salman Khan* 用數年時間拍了數千條教學影片，放上 YouTube 頻道供學生收看，而且廣受歡迎。當時我想，香港絕大部分老師都不知道有這個教學法，而我們也可以有一個可汗學院嗎？我們也可以有拍片教學的老師嗎？甚至，我是否可以拍片教學？*Salman Khan* 開始時是製作數學教學影片，我也任教數學科，既有成功案例在先，為何不試？況且我也任教資訊科技科，知道 iOS 平台上有個十分簡單易用的

App，專門製作教學影片，叫「Explain Everything」。於是，在同年暑假，我開始嘗試製作教學影片。

一 take 拍片　無限使用

有很多教育同工都會問，製作影片這麼花時間，付出的努力值得嗎？學生真的會看嗎？但是我想，影片製作後可以長期存放在網絡，學生隨時隨地可以重溫，對他們來說豈不是更方便嗎？而且有些內容講解，是每年教學都要重複的，製作了影片豈不是一勞永逸嗎？表面上一開始是花耗時間，但長遠其實是幫自己、甚至幫學生節省時間！再者，自己製作的影片，永遠是最適合自己的學生收看，因為老師就是課室中最了解學生如何學習的人。

數學教育給學生一向的印象是抽象難明，有時甚至是不求甚解，生吞活剝地背誦公式，但在考試時卻又不懂如何回答問題。很多學生對數學提不起勁，學不懂是「罪魁禍首」。但影片有效把數學視覺化，而且上載到網後，可以無限重複收看，這就是科技優勝之處。況且，學生有預習，課堂就會騰出很多時間做活動、用 iPad 學習、使用 3D 模型教學，課堂不再脫離現實。

於是，在二○一二年的暑假，我開始在家中製作數學科教學影片，把以往在課堂上單向教學的內容，全部利用 Explain Everything 製作成影片。初時對著 iPad 拍片，是極不習慣的，一來沒有學生在你面前，感覺有如電台的 DJ 對著空氣說話；二來心理上因懼怕解釋錯內容而緊張，愈緊張就愈容易犯錯，

結果一分鐘的影片往往要幾倍至十倍時間才能完成。後來我發現 Explain Everything 備有可分段拍片的功能，於是害怕講錯的壓力就大為減少，因為可以利用科技作補救，而拍片用的時間也大為減少。

事實上，在日常課室中的教學，我也有講錯說話、表達不流暢的時候，而教學影片主要是給自己的學生收看，那麼我們又何須製作一條完美的影片呢？況且時間、資源及器材上也不容許我這樣做，所以不勉強自己完美表達是拍教學影片的一個心理關口。抱著這種心態，晚上在家中拍片，望出窗外的迷人夜景，拍片翻轉其實也是挺浪漫的！

除了在家中拍片，在學校假期或空堂的時候，我會利用沒有學生上課的課室拍片，只要利用一部智能手機及腳架對著黑板錄影就可以。而且我發現在沒有學生的課室講解，何其寧靜，基本上是「零」干擾！例如我根本不用管理學生課堂秩序，只需要面對鏡頭，解釋內容一次，就已經達到了「教」這個目的，接下來就是指導學生收看，就可以處理到「學」的問題。當然，在一個沒有學生的課室講解，感覺也有點奇怪的，在思想上，我會「想像」有一群學生坐在我面前聽書，或者在家中、搭車時收看我的影片，有助我更投入講解。

YouTube 開啟無邊界課室　隨時隨地學習

拍攝了教學影片後，我會先上載至 YouTube，YouTube 平台有很多數據讓我檢視影片的收視率。當然，教學影片是遠不及娛樂影片般那麼受歡迎，但這些數據，可以使我大概了解學

生是否有觀看影片。此外，將這些原創內容的影片公開，讓其他人也可以搜尋到，如此一來，不只香港學生會看到，其他國家的學生都可看到而學習知識！出乎意料之外，我竟然收到其他國家學生的留言：

"Thank you soooo much....I was going mad understanding the concept from book...Now because of you my concepts are crystal clear..."

"I hoped you can make more video like this, because the way you explained things was so detail and yet you are able to explain everything within 15 minutes."

"Thanks for making this video, it is indeed helping me out, I will recommend my friend to watch this if they ever get confused with the FDE cycle."

"These videos made what actually happens to the cube clear to me where others with fancy CGI didn't."

收到這些留言是相當鼓舞，原來我拍攝這些影片，竟能幫到其他國家的學生！其中一條最受歡迎的教學影片，觀眾來自多個國家或地區，包括印度、美國、巴基斯坦、斯里蘭卡、加拿大、埃及、尼泊爾、香港、英國、馬來西亞、沙地阿拉伯、孟加拉、菲律賓、德國、澳洲、韓國、新加坡、愛爾蘭、以色列、台灣及印尼等。學生觀眾有男有女（即使我只是任教女校），來自不同年齡層及種族。換句話說，透過科技網絡，世界就變成了我的課室，我的學生也遍佈世界各地。

為了協助學生建立預習的習慣，我採取全年翻轉的教學策略。例如我任教中一級數學科，就會把課本所有需要講解的內

容製作成影片，細緻地覆蓋整年課程。一級一科大概需要拍約三百條影片，六年來，我的 YouTube 頻道已經上載了二千多條影片，觀眾觀看時間也超過二萬小時，YouTube 對我來說，就是一個不易結業但免費的電視台。

　　第一年開始「翻轉」拍片，到學期結束時，印象最深刻的一幕，就是考試時入課室準備監考，竟然聽見課室的揚聲器在播放自己的聲音，抬頭一看，投射屏幕正在播放我拍攝的教學影片，原來同學在考試前，把我的影片逐一播放給全班收看！這一刻我頓時發現，學生是真的會觀看影片，只要她們覺得內容是實用且有需要，自然會自行找尋合適的時間及地方觀看。因此，我相信影片可以是引發自主學習的一個契機、一個手段，問題是老師如何引導學生自學。

中三同學考試前全班一齊睇片。

「翻轉」之路不易走

　　即使老師在網上準備好所有預習材料，學生就會自動自覺地學習嗎？這就要看看是哪類學生，但有一個不爭的事實——總有學生不預習。那麼，她們豈不是很難參與課堂內的高階活動，或完成不到指定的作業嗎？而我應否遷就這些沒有預習的學生，上堂重複講解預習的內容？若重複講解，那麼對有預習的學生，豈不是不公平？我豈不是會打消她們預習的動機？

　　如何應對沒有預習的學生？我的習慣及取向是，堅持學生補做，可以是即堂、即日午膳或放學時間。同時，我絕不重複講解昨晚預習的內容，因為這是一個自相矛盾的做法。所以，當我決定翻轉的時候，就註定踏上了一條不歸路，我需要的，就是一種堅持的精神力量，並見招拆招。新的教學環境，帶來師生教學上新的責任安排，預習從此就變成學生的課前責任，而同預習對沖的傳統功課，就翻轉到上堂時間做。

　　我會使用網上學習平台（Learning Management System, LMS）追蹤學生預習的情況，平台提供清晰的數據，顯示哪些同學需要我去「追數」。因為清楚地知道誰有做，誰沒有做，而我亦印製「追數」字條，在堂上派發。可以說，網上學習平台，是翻轉教學不可或缺的關鍵工具，因為掌握學習數據，老師調整教學策略就有了重要的基礎。

　　在早期，我曾經在一班中五級資訊科技科班級試行「翻轉」，用了一個暑假把全年大部分教材製作成影片，上載至網上學習平台，並在開學的第一天，指示學生回家先預習，然後上課我們就可以做作業。殊不知在上課前一晚，我登入網上學

習平台檢查時，竟發現少於一半同學有預習！那一刻相當不好受，也有點憤怒，因為花了這麼多時間準備，學生卻不「領情」，當中一半人連看也不看！到了上課當日，我指示未有預習的同學到課室另一角落補做預習，但多多少少是帶著懲罰的意味。後來再細心思考，學生在過去四年也從沒有預習的習慣，又怎能期望她們在中五級的第一課就自動自覺預習呢？我是否對學生有不切實際的期望呢？所以，我開始理解到，學生適應新方法也是需要時間，總不能一步到位，適當地調整對學生的期望，即使再有狀況出現，內心的衝擊也會減少。

當然，若要有效處理學生不預習的問題，就必須要了解她們內心的想法。是對學科沒有興趣？覺得預習沒有用？太多事務要做而忘記預習？還是家中沒有電腦？近年我開始參考正向教養 (positive discipline) 所提倡的做法，面對學生脫序行為，例如不預習，我們首先要做的，是既不懲罰，也不縱容，而是抱仁慈及堅定 (kind and firm) 的態度應對。我開始透過與學生平等對話，了解學生失去學習興趣的原因，然後對症下藥，給她們適當的支援，這種教養方法已漸漸見到成效。正如 Growth Mindset 一書的作者卡洛・德韋克 (Carol Dweck) 所講，期望學生能有所突破，關鍵是要引導她們相信自己能夠進步，能夠改變。方法就是改變我們讚賞學生的方法，不是讚賞學生的才智，而是讚賞學生的努力！在美國，曾經實施了一個教育法案，叫「有教無類法案」(No Child Left Behind Act of 2001, NCLB)，透過擴大聯邦政府的角色，促使學校為學生的學習成果負責。現在，我透過翻轉教學及正向教養，慢慢邁向「一個也不能少的」教學理念。長路雖漫漫，但我已見到一線曙光！

課堂體驗教學　吃橙與數學有關？

翻轉課堂做實驗　印證公式更容易

教學翻轉了，使我有更多空間重新設計課堂，因為課堂原本用作講書的時間，已由學生預習觀看影片代替。那上數學課時，我應該做甚麼課堂活動？設計關鍵是，老師少講，學生多做，自然就少不了互動、動手做、小組協作的元素。印象最深刻，且學生在若干年後仍津津樂道的課堂，莫過於剝橙皮學球體表面面積的課堂。

在初中數學課程中，有球體表面面積公式 $A = 4\pi r^2$ 的教學及運用。但若要嚴謹地證明這條公式，是非用高階數學中的微積分不可，但微積分對初中學生來說實在是要求太高是了。所以以往一般的做法，直接要學生把公式背誦就是了，餘下的課時就是操練題目。這種教法看來簡單直接，但學生是否真的理解？會否看到公式是如何運算得出來？當然不會。久而久之，學生便會養成對學習不求甚解，且胡亂應用的態度。那麼我們進行一個具體實驗或示範如何？但上課時這樣緊張，老師一般不會願意花時間去做示範。

可是翻轉了的課堂就不一樣，用一堂時間去做實驗印證公式，我是花得起的，還能程度上教學進度。方法是這樣，全班有三十多位同學，我買十多個橙並帶入課堂，指導學生兩人分享一個橙。學生先用 A4 紙畫四個（或若干個）與橙相同大小的圓形，然後把橙吃掉！在剝橙皮的過程中，不能把橙皮丟棄，因為要用它把圓形鋪滿。而這個實驗的結果，橙皮大概可鋪滿四個圓形，正因每個圓形的面積是 πr^2，四個圓形的面積剛好就是 $4\pi r^2$！

邊吃邊學　記憶猶新

最記得第一次上這堂課，全班學生一齊剝橙皮，整個課室立刻充滿了橙的香味，充滿維他命 C！大家頓時變得精神奕奕，而且興奮得難以形容。也有學生充滿疑惑：這是上數學堂嗎？吃橙與數學有關嗎？但當橙皮能填滿四個圓形時，學生就茅塞頓開，透過實際體驗，定能把這公式牢牢記住。因為她們將來再吃橙的時候，見到橙皮就自然聯想起這個四個圓形的公式。我相信這

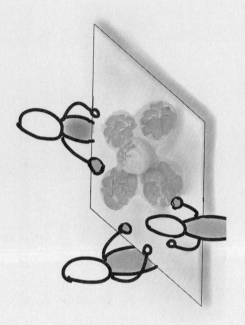

種課堂體驗，多年後仍然能夠儲存在學生腦海中！

執行這個課堂是有一些地方要留意：原來不是每一個少年人都懂得用手剝橙皮的！這或許是現代父母對子女提供太多的照顧而成，所以建議讓兩個同學為一組，老師帶備一至兩把小刀到課堂，以備不時之需。如果想把橙皮剝得更精準，愈細碎的橙皮效果愈好，這某程度也反映了微積分的精神，把一些東西切到很細很細（如 dx 那麼細）然後才作整合。此外，何時上這課堂才能達到最佳效果？當然就是午飯後放學前的一堂，因為這些時段學生的精神通常是最委靡的，吃生果的確有效提神，更學到知識，何樂而不為？

如果老師不想自掏腰包買橙，可指導學生自備球體形狀水果不想上數學堂時吃，我相信學生是樂意自備的，而效果會相當更震撼！試想如果有學生帶西瓜來吃，就會相當精彩！且更具備了數學歸納的元素，因為理論上，不論水果大小，其果皮面積，也可填滿四個相同大小的圓形。

翻轉課堂，剝橙皮學數學，引證球體表面面積公式（A＝4πr2），同學們充滿成功感的一堂！

學生反應

學生正面回應　老師的原動力

因著翻轉教學與傳統教學是截然不同的,我持續發問卷給學生,問她們是否適應,了解她們的看法及感受。印象最深刻的,就是第一次發問卷時,很多學生的反應都很正面:

「我起初不相信數學可以用這種方法教學,但現在教學不但比其他班別快,我和同學通過教學影片,更快和更容易理解教學內容。在家裏做備課工作紙、觀看影片等,都使我對教學內容有更深的認識,不像以往只能以做練習的方法溫習,對學習十分有效。」

「我最初是不太習慣,但六星期後感到有所幫助。因為在去年時,數學老師叫我們去預習書本,但我們卻沒有動力去自動做。但網上預習令我們發覺要自動自覺去做,只花很少的時間。」

「十分好奇,因第一次聽到翻轉課堂。覺得很有用,在家裏先預習,回到學校更易上手,而且老師根據數據再教導一些同學不明白的地方,或利用上課時間討論較難題目。我認為對學習很有效,而且如不明可再看影片。」

作為老師,正正是新方法對學生起了正面作用,成為我持續創新的重要基礎及原動力!而且,見到她們比以往學得更好,這不是我們做老師最大的心願嗎?

翻轉能否取高分？

　　做問卷調查，當然也有同學對新教學法有所保留及懷疑：
「我起初覺得無所謂，但經過六個星期後覺得還是用普通方
法上課，感覺上會有更多得著，能學到更多，但其實只是主觀感
覺，實際上與普通課堂學到的差不多，至於成效，我認為這要待
成績出來後才知道。」

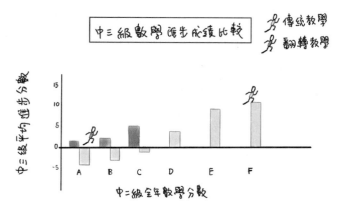

圖為全年數學成績進步統計，翻轉的一班，遠比傳統教學的班級，進步為多。

　　學生也是有十分現實的考慮，如果成績上沒有進步，也不
能確定說翻轉教學比傳統教學更好。所以就在做問卷的這一年
學期結束，我把全班同學的全年數學進步分數，與同級其他三

班未有翻轉的作比較，興奮地發現，不論高中低成績的學生，我班學生的進步，全都比其他三班多！雖然這不算是一個嚴謹而精密的分析研究，翻轉教學也不是唯一影響學生分數進步的原因，但從前線老師的角度來看，翻轉教學使學生得益的這個觀感，已經深印腦海，也足夠促使老師繼續翻轉下去。

但是最使我留下深刻印象的，就是有中三級的學生覺得預習對她們不公平。

"If we get scored in Schoology, I think it's a bit unfair because the teacher may not have talked about it yet and we are already being graded on it, so of course we get a low score. The questions don't load sometimes and it is hard for us to answer and get high marks. If the students are unable to answer, it's normal because it's pre-learning and not a quiz. Therefore I think it's unfair if our daily marks include Schoology, as other classes score their daily marks AFTER they learn, and not BEFORE." —— Shania

學生的論點是，既然是預習，即是老師還未正式教，但網上學習平台的題目卻又是計分的，那麼，這不是對學生不公平嗎？其他班是老師先教後評分，但預習是學生自學即評分，老師之後才教，那麼學生取高分豈不是更難嗎？因為未有老師的確認及支援就已經評分了！我花了很多時間重新思考這個翻轉教學的流程問題，真的有對學生不公平嗎？學生心底裏的期待及渴求是甚麼？

從字裏行間，我發現學生覺得不公，其實內心的關注點是：擔心預習變成取低分！對進取的學生來說，不論是先教後學，或者先學後教，最後也不應減低她們獲取好成績的機會。

那麼，我可有方法把預習變成鼓勵學生取更好成績的過程？於是，我再檢視網上學習平台的設定，原來是可以容許學生重複做多次，更可設定只是計算最高分的一次！在電腦遊戲機中，有所謂「無限復活」的模式，即玩家輸掉後，仍有無數次機會繼續嘗試，直至過關為止。我把這個概念引進預習中，正好處理學生認為不公平的地方，因為她可以選擇重複做，直至取得滿意分數為止。同時，我也開設 WhatsApp 群組，學生在預習時有困難，不論是學科上或技術上的問題，我或其他同學皆可以提供協助，這也是網上協作式學習的好處。事實上，在問卷提出不公平的學生 Shania，也是那年使用 WhatsApp 求問最多、學習態度最認真的學生。自此，預習無限復活，以及只計最高分的一次，就成為我翻轉的指定措施！我覺得透過問學生對學習的意見，使我有效調整教學策略，是某種形式的「行動式研究」。而最有趣的，是學生成為了老師的「老師」，因對於創新教學法來說，我只是一位初學者、新丁，學生就是我採用新教法是否有效的關鍵指標，我只是需要去問她們不就是已經可以嗎？

　　三年後的今天，當年覺得不公平的中三學生 Shania，轉眼已經中六畢業，我邀請她寫了一點反思：

"It is indisputable that the F3 syllabus covers a lot of fundamental concepts that are vital to NSS Mathematics, and for this reason, I particularly think that Flipped Learning has impacted my Maths experience greatly. Back then, I remember utilizing my daily commute by using Schoology to answer simple quizzes. It was a trivial task, much less strenuous than the traditional practice of having to bring home a 400-page textbook to complete 30 questions. The Flipped system equipped me with a concrete idea on what was going to be taught the next day, as well as freed up hours for me to focus on my other weaker subjects and activities.

I also remember having special classes every cycle, where Mr. Ha would arrange interesting experiments to prove theories and solidify our existing knowledge. Most of this is a blur to me now, but one lesson still remains a vivid memory, and that was when we ate and peeled oranges in class to show the surface area of a sphere. Flipped learning gave us the chance to learn Mathematics, a subject that is typically thought of as "boring" and "rigid" in a flexible and exciting way. I know for a fact that many of us looked forward to those special lessons, in hopes of taking a break while learning something fun.

For secondary three students in particular, we had over 10 subjects, and most of them required regular classwork and homework. With flipped learning, we used Schoology and online videos to skip basic drills, and directly went to the hard questions in class. I think the Flipped system helped ease our workload immensely, and gave us more flexibility in learning, since we could easily review difficult and unfamiliar concepts via Mr. Ha's YouTube videos, especially for those who were absent on the day of the lesson. Flipped Classroom learning expanded my view on how Maths could be learnt, and renewed my excitement for this subject, which I originally dreaded. Quite possibly, many years from now,

I will find myself looking back at my secondary school life and remember Flipped Classroom learning as one of its highlights."

我把重點撮要如下：

預習輕鬆，省時省力，
課堂有趣，吃橙學數，
網上影片，彈性溫習，
翻轉學習，開闊眼界。

學生的支持，就是我能持續翻轉下去的重要原因。

推廣翻轉　走得更遠

團結眾老師力量　發光發亮

　　我自從開始翻轉教學後，不斷被邀請到各間小學、中學、大學、教育團體及教育局分享，或主持工作坊。印象最深刻的，就是由香港中文大學及教育局合作舉辦的教師複修課程，其中開辦為期十班，每班六小時的翻轉課程，可以說是香港第一個翻轉教學課程。我負責設計課程，與文可為老師合教，報名反應熱烈。特別記得有些課堂是星期五晚上上課的，來參加的老師因為已經上了一星期的課，應已甚為疲倦，為何在周末前還要來上幾小時的課呢？不是應該回家休息或者去 happy hour 嗎？但往往老師最踴躍參加的日子，就是星期五晚上，使我非常感動！我住在港島區，因沒有私家車，往返中大及家中需要乘坐地鐵，接近三小時的車程。但參加老師對新教學法的好奇及投入，令我覺得付出這些辛勞也是值得的！

　　幾小時的翻轉課程，老師來上了後，就能自動成功地翻轉嗎？當然不是！因為實踐過程中會出現種種問題和困難，不論是教學流程安排或課堂設計，甚至連老師的教學思維及心理準備，也必須重新調整。我們何不再次利用科技把老師們聯繫起來，設立 WhatsApp 群組，以致我們能互相支持及鼓勵？於是在每次課堂完結的時候，我會問參加的老師是否願意留下 WhatsApp 號碼以方便日後聯絡，結果老師的反應再次積極，除了不斷有老師加入之外，他們還提出各種教學問題及解決方法，我開始感受到這是一個翻轉教學浪潮的開始！

我在入行初期，早已有資深老師講，單打獨鬥式的教師甚難生存，我們必須找到同路人互相扶持。又或者我們可以借助燒烤爐用的炭作比喻，一塊炭如果是獨自在發熱發光，它很快就會熄滅；但如果是很多塊炭靠在一起，就能夠持續發熱發光。這個現象是有科學根據的，原來一塊炭在能夠發熱發光之前，是需要外來的能量去啟動，稱之為活化能量（activation energy）。所以很多塊炭靠在一起，大家釋放的能量，就成為對方的活化能量，整個群體就能夠持續大放異彩，所謂互相砥礪，正是這個意思！

所以，單是數學科老師翻轉，是不足夠的，因為各科的翻轉模式，特別是課堂設計，是有所不同的。我們需要語文科、理科、人文學科及術科的老師一同翻轉，這場教育改革運動才能持續。翻轉不是單打獨鬥的獨腳戲，而是重視團隊精神的合唱團。而一人翻轉，不如多人翻轉，因為一群人才能走得更遠；對學生來說，一科翻轉，也不如全科翻轉，因為如果每科的課堂能夠活化起來，每天的學習就不再單調、乏味、沉悶！

成立翻協　推動教育改革運動

隨著加入翻轉支援 WhatsApp 群組的老師愈來愈多，我感到是時候把這個網上群體，轉化成現實群體。我們既然在網上能持續交流溝通，為何我們不可面對面交流呢？這豈不是更有效益嗎？於是在二〇一六年五月，我們在香港大學百周年校舍，舉辦了一次翻轉教學集思會，興奮地見到有七十多位同工參與，氣氛積極，於是我知道我們做對了決定。於是，「香港

翻轉教學協會」（FlippEducators@HK），簡稱翻協，便是這樣成立了！這是香港首個以翻轉教學法成立的學會，目標是在學界推廣翻轉教學，活化香港的課堂。

我成長在上世紀八十年代，當年有一首流行曲叫《一把聲音》，由關正傑作曲及主唱，而作詞的林振強，寫下這樣的歌詞：

一把聲音
如何壯也太細聲
始終飄不遠
有賴和聲的響應
你我倆若共行
會有更多聲音
齊聲定事成

千千把聲
誰能再說聽不清
只需一起唱
那便定會有共鳴
你我倆若共行
會有更多聲音
齊聲定事成

一群人的聲音總比一個人的聲音大，當老師一個一個地翻轉，就會形成一個潮流，甚至是一場運動，一場教育改革運動。這場運動，不是由上而下，由政府或學校的領導層推動，

而是由下而上，由教學現場的老師，自發地為學生學得更好而推動！

我們的願景是把翻轉教學變成一種常態的教學法，因為這才符合二十一世紀學生的期望及需要，在學習上得到老師更多的個別照顧及鼓勵。我們期望每個香港學生，在求學階段皆有機會體驗一次翻轉學習；我們更期望每位香港的老師也嘗試翻轉自己的課堂，進行個人教改，重新學習如何教。

各位同工，你今日翻轉咗未呢？

2

走出課室與 DIY 動手做的課堂

蕭煒炘老師

當老師是我從小的志願。在我生命中相遇的每一位良師，都教曉我如何當一位好老師。「師者，所以傳道、授業、解惑者也」，我相信當老師不僅是一份傳道授業的工作，對我來說，也是一份使命。如何在教學生涯中，與學生一起同行成長，教導她們從平凡中活出不平凡，讓其生命充滿更多正能量，以面對未來挑戰，成為我作為老師最大的目標。「如何從平凡的課堂中教得不平凡？」是我一直都在意的問題，我希望學生上過我的課堂學得不一樣，就如從前我上過那些好老師的課一樣。

我如何走上「翻轉」之路？

新高中課程轉變

記得我新入職的首幾個年頭，同時任教初中化學及高級程度會考的化學科。初中化學科是校本課程，所以在課程內容設計上的空間較大，能以日常生活作主題，配以不同的實驗，提升學生在學習方面的興趣，備課重點為提升課堂互動及學生對學科的興趣。我一面教，一面從前輩身上學習不同的教學法。至於高中化學，因為選修的人數不太多，加上他們都經過會考的洗禮，是自學能力較高的一批，當年的我以傳統的方式使學

生理解相關化學內容，以及為她們提供充足的操練便可。

　　直至新高中課程的改革，為老師及選修理科的學生帶來了一些大挑戰。簡單而言，高中理科從四年改為三年課程，課程闊度與每個課題的深度跟教學時數不成正比。我需要重新考慮如何令這班學生在兩年多的時間內掌握整個課程，同時亦兼顧學生的學習特質，希望學生能「聽得明白，記得深刻」，成為我最關注的事。

　　那年，傳統的單向講授成為了我的教高中化學的日常。

　　其實，當年的我，心中常忐忑不安，我一心希望能跟進度完成課程，另一方面，我卻了解這樣的「衝衝衝」的教學，學生實在沒有足夠的時間去消化相關知識及技能。

　　於是，課後補課成為了我以為的「出路」。透過補課，增加科本教學時數，理應能協助學生掌握更多的基本知識，促進他們對內容的理解。但事實是學生在不同的科目都要補課，補課時間多了，學習效率卻未必理想。可是，如果沒有補課，我們又沒有足夠時間完成整個課程及操練，我就站立在兩難之間⋯⋯

新高中時代，我最常聽到以下的話：

面對他們的要求及提問，我可以如何面對？我既心痛，又無奈。

偶然遇上「翻轉教室」（Flipped Classroom）

正當個人教學信念及學生學習動力被客觀因素消磨之際，我遇上夏 sir。

故事是從二〇一五年四月在香港中文大學由夏 sir 任教的

「翻轉教室工作坊」開始的。在那天課堂之後,夏 sir 隨即告訴我,他留意到我學得頗快,又問我是否會考慮這創新的教學法。其實,我早在二〇一四年開始注意到翻轉教室(Flipped Classroom)這個概念,因為它的緣起是來自兩位在美國教化學的老師——強納森‧貝格曼(Jonathan Bergmann)與亞倫‧山森(Aaron Sams)為了解決學生缺席的問題而採用的一個方法。當時我一直都未有時間了解有關概念的實際操作,直至上了夏 sir 的課,對基本操作才有了初步的了解。

對於翻轉教學法是否能激發學生的學習動機,讓學生享受學科的學習經驗,誘發他們對學科知識的追尋,是否能完全解決我當前的挑戰,我尚有懷疑。但經過我跟夏 sir 交流後,當晚心裏有一股不知從哪裏來的衝勁,就像是叫我放膽去嘗試。

我對自己說:「嗯……我不想再站在這個教書的十字路口的中間,我志願成為老師,想成為學生生命的同行者。除了傳授知識,更希望他們的『人師』,期望透過自己的生命見證及人生經驗,為他們對生命的價值及意義,會帶來一點點不一樣。我要帶學生走出這困局……」

翻轉教學──我的激發能量（Activation Energy）

在化學科，激發能量（或活化能）是指能夠發生化學或物理變化的狀態下所需的最低能量，亦即表示一個化學反應發生所需的最小能量障礙。而我要開展一種全新的教學法，要跨越的激發能量一點也不低。平日老師的工作已經足夠工作內容煩瑣零碎兼無極限，下課後的工作簡直不能想像，除了心中的那份衝勁外，還有一些因素讓我最終有力去跨越這個創新之旅的障礙。

下了決心，但如何從 A → B？

所謂「工欲善其事，必先利其器」，完了工作坊，我隨即購入我的第一部平板電腦。然後，我先根據夏 sir 工作坊的內容去探索不同的教學程式。對於不同的學習程式，要嘗試如何操作運用、怎樣引入課堂、如何要求學生與我一起改變學習模式，以及第一堂到底要如何向學生介紹等，各種心法、技巧都是來自工作坊結束後夏 sir 所建立的同工群組，當中的老師都主動支援初起步同時遇到實踐問題的同工。每當我遇到有甚麼問題，只要跟大家分享困擾，很快就有同工解答我，這些都成為我嘗試創新改變的動力。

鼓起勇氣行動　相信改變是教學的出路

第一步：建立學習管理平台：Schoology 篇

　　教學要轉型創新，老師首先改變自己的心態。二〇一五年，最初我在中四化學科試行用 *Schoology* 這個學習管理平台（*learning management system*）。與學生學習一個新知識一樣，我先行跟自己定下一個可完成的目標，然後再慢慢與學生學習轉型。

主要目標步驟	實戰心法
1. 在平台中開設自己的課程	由開戶口開始
2. 與學生一起建立學生戶口	要花一堂時間與學生一起開戶口
3. 慢慢加入課堂的學習內容	簡單目標（只作一個分享交流平台）
4. 加入預習、課堂的教材及自學教材／小測驗	可以平時分作鼓勵學生課外自學

　　這個平台的優點，是老師能夠自主的管理學習平台，而且費用全免。所以只要老師想試用有關平台，以個人的身份就可以立即行動。另外，相關功能亦算全面，包括：

1.　建立及管理課程

2. 上載學習資源
3. 批改選擇題
4. 管理成績
5. 具有分析圖表，讓老師更了解學生的學習習慣

第二步：學習拍片

當我完成建立學習平台後，我開始思考的就是有關我教學短片的問題。這對我一直是個大挑戰，因為我一直都很怕被攝錄。不知是甚麼原因，看到自己的影片，或聽到自己的聲音，都總覺得不太自然。但為了轉型，我必須改變自己的心態。

開始前，我就思考拍片的幾個問題：

1. 我要上鏡嗎？
2. 要拍甚麼？知識內容？實驗步驟？還是功課講解？
3. 如何拍？

就在這個時侯，我開始反思為何自己這樣抗拒拍攝。原來這是跟我如何看自己及作為老師的角色有關的。平日不願被拍攝，是因為我總認為自己每一次都能夠講得更好，而錄製影片令我覺得框住了自己，當然我明白拍攝完畢可以再不斷修改，但正因為我想一直修改，一修片就好像永遠未能完成。

突然，我認為這樣不可行，我問自己：「為何我會花時間在掙扎這麼久？」既然要嘗試用不同的方式令教學更有效率，在傳統教學跳出來，作為老師的我是否也應該先脫離既有框架，改變自己的思想心態，讓自己跟學生一樣，重新成為一個

學習者？

在最初的幾個月，我的拍片的技巧與質素都一般，同時也遇到不少問題。我一邊做，一邊學，一邊改良。以下是我遇到的幾個問題：

1. 影片質素問題：

以 iPad 完成拍片，上載到 YouTube，會因上載的質素而令學生完全看不到相關內容。

「Miss Siu，你啲字太細。」

「影片解像度太低。」

「你可唔可以再 upload 過？」

因為平日教學工作太忙，很多時候我只能拍完片就上載到 YouTube，真的沒有時間檢查影片的實際問題。很感謝學生都跟我一起進入了這場翻轉教學的實驗現場。

2. 影片錄音問題：

無論以電腦或平板電腦拍片，音量及音質都是要自己去嘗試掌握的。例如錄音時我應該要使用咪高峰還是免提咪高峰／夾咪？另外，當錄音後我用自己去翻聽時，很多時沒有大問題，但學生觀看影片時就會發現很多不同的問題。他們知道我是邊學邊做，所以他們時常會向我反映相關問題。

「很多雜音。」

「Miss Siu，你的音量太細。」

「這次你的音量太大，我的耳膜快要穿了……」

「不如加啲音樂？」

「不如唔好加音樂？」

原來，老師不必時刻追求自身的完美。

　　即使我的教學短片有著大小不同的問題，從學生的言語行動中，我知道他們都認真對待我為他們準備的學習材料。我知道他們在學習知識內容的同時，都在學習包容（我初次拍片）一些不完美。

　　即使我的自家影片不太專業、不太吸引，但他們都只是向我提出希望改善的問題，而沒有叫我放棄拍片，改回傳統教學的方式教授。他們的回應，是無形的支持。

　　我相信，用心做，學生會感受到的。

　　「Miss Siu，不如你生日我哋送個好啲嘅咪畀你？」

　　哪怕是學生們在堂上隨意說笑，簡單的一句話，既深刻又窩心。

創意、創新，不會一開始就是完美，就如設計思考很強調要不停測試、收集用家意見再作改良。老師與學生亦在翻轉課堂不斷嘗試、改善中，一起學習、一起進步。

百分百投入的試後檢討課

每逢測驗、考試後，大家最關注的就只是分數。但站在教學立場看，學生如能從錯誤中學習，下次就能避免重複犯錯，這才更為重要。但事實是大部分學生都很難在試後檢討課集中精神聆聽老師的分析，這是教學中長久以來的問題。

認真反思，我們就會知道這個課堂對老師及學生都帶來很大的挑戰，老師很難在一小時多的時限內，就學生的常犯錯誤逐一詳細講解。如果老師太簡單分析試卷，就會浪費了測驗、考試對學習的意義；如果老師詳情講解，就需要更長的課時，對學生而言，每人失分的地方都不同，要較高分的同學要全部聽一次，或較低分的同學只注意部分常犯錯誤，又沒有足夠時間給學生發問……

那次中四考試後，我批改完所有試卷、入完分數，就決定嘗試把試卷每一題解釋部分錄製為影片。那一晚，一直錄到凌晨三點。翌日上課前，我除了要準備的學生的考卷及分紙外，還要為學生借用平板電腦。

我記得那一天，我踏入課室。他們對就不停地向我追問……

「我哋成績如何？考得好唔好？」

「Miss Siu，你昨天係咪冇瞓過？改我哋啲卷改得好辛苦？」

「今天不是對卷嗎？為甚麼要用 iPad ？」

我沒有想過，他們除了關心成績之外，還注意到我的倦容。於是，我就告訴他們有關我對這堂試後檢討課的新想法及運作，當他們知道我把題解都分段放上了網，他們可以根據自己錯誤的問題去收聽相關題解，他們的表情有一點驚訝。

其中一位同學問了我一個非常令我感動的問題：「Miss Siu，我們如果重複看了同一題三次後，還是不明白的話，是否就可以出來問你？」我沒想過同學會這樣為我著想。

那一小時二十分鐘是我上過最棒的試後檢討課。當我打破課堂直線式的進行方式，學生控制自己的改正及學習進度，而我就可以賺取到與每個學生個別面談的時間。除了分析這次考試的缺失原因外，更能與他們每一位定下次可達的目標。

課室中的每一個同學，都投入在個人的學習反思過程，而我亦很享受與學生單獨面談的時間。這是我感受到拍片的第一個最大意義，當刻感受全班全情投入的學習氣氛，令我忘卻當刻的累。

那一堂的氣氛，我不會忘記。然後，我以後的試後檢討課都是這樣的做。

翻轉的「試後檢討」。

我的土炮拍片法

我想，令很多老師對翻轉教學法卻步，是因為需要製作相關的教學影片。對於數理科的教學影片，個人認為未必一開始就由自己製作，因為網上的教學影片資源很豐富，老師要做的就是要花點時間找一些合適的影片。開始的時候，我大多是利用網上的資源，自己拍的影片反而是校本功課、實驗技巧及測考解題解內容等。

有人問我拍片是否很花時間？如果一段教學影片要做到百

分百準確及高質素，當然需要花大量時間，因為當撰寫大綱腳本、內容及設計想做到最好時，的確可以花上很多時間。但我的最大目標是想提升教學質素，所以我寧願以最簡單直接的方式拍片，然後把其他的時間都集中在設計及分析如何透過翻轉的方式提升學與教。

　　教學工作煩瑣，要平衡各方面的工作及實踐翻轉教學，我唯有以最簡易的方式製作短片。一般來說，影片錄製可以不同的形式製作，最簡單的就是以手機做直接拍攝教學／實驗過程。另外，亦可以電腦或平板電腦的螢幕錄製片的錄製形式製作。有時課時有限，我就會在學校以最土炮方式快速拍片，把未完成的解釋部分拍下來，再傳送給學生。

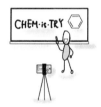

手機直接拍攝

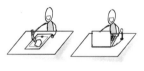

螢幕錄製片

土炮拍片法

第三步：翻轉之後　無限可能性的課堂

　　正如最先提倡「翻轉教室」的兩位化學老師 Aaron Smith 及 Jonathan Bergmann 所強調：「翻轉教室」的重點不在於老師要自製課堂講述影片來教學，而是能創造更多課堂空間，讓老師能真正思考如何更有效益的運用課堂互動時間。

　　對於我來說，老師不是要從「翻轉教學」或「傳統教學」中二選一，因為我相信對於不同的學校、不同的學生，老師可就學生的特質去找個平衡位作切入點。

　　「翻轉教室」是一個對於學校學習的重新想像，無論是在家看片或是課室內讓學生看相關教學影片（in-class flipped），其實都能為老師的教學騰出空間，讓老師重新思考及設計課堂，以提升教學效能及培養學生的學習興趣。

　　翻轉教室的確為我提供了一條出路。如今我有更大的空間及自主性去思考教育的原點問題——如何培養學生主動學習的精神、加深學習成效，以及發展高階的知識應用及思考能力等。

　　我覺得在這世代當老師是有種責任，要認真思考一下老師的角色及課堂的重點。老師不再是單向的知識傳遞者，而是要作為學生學習的引導者（facilitator）。老師要製造場景及空間讓學生有機會自主學習、獨立思考及應用知識，幫學生建立真正在未來世界競爭最有用的能力，因為這是對於未來社會最需要的特質。

老師作為知識的傳遞者
（以老師作為中心的學習）

老師作為學習的引導者
（以學生作為中心的學習）

　　要作為二十一世紀的好老師，透過創新的課堂設計融入教學，為學生的未來作準備，談何容易？

從 *FlippEducators* 到 *FlippEdunovators* 我的創意科學課

圖像 x 科學

「原來自己踏出了第一步行動，就能看見更多的可能性。」從前沒想過，翻轉教學不但是出路，透過這條路，我還能接觸另一條更闊的創意教育之路。當大家都說老師應作為學生學習的引導者，所謂的引導者在課堂設計是如何運作呢？

理科內容對學生來說一般較抽象，老師不可能叫學生死記硬背相關理論，我嘗試整合直觀輔引學（visual facilitation）的理論框架，配合學習理科的重要元素，得出以下以直觀引導去設計課堂的實踐步驟。希望透過以下的實踐步驟，讓老師更掌握如何能為翻轉後的課堂重新設計。

直觀引導的實踐步驟如下：透過不同的視覺化學習的影片／活動，讓學生可看得到相關的學習課題或學習過程（翻轉教室的影片亦可以這裏引入），以小組方式進行討論及活動，從而提升學生的參與度，讓學生透過與同儕的互動更深入思考，了解同區題所在並練習運用所學。

當中視覺化的學習是指嘗試透過學習影片或活動把學習重點以不同方式呈現的學習過程。這個學習方式的優點是師生能更快、更具體地了解相關的學習情況，從而提升教學效能。老師可善用翻轉教學中的教學短片，透過加入不同的學習活動而達到視覺化的學習。

學生的化學科筆記。

例子	學習活動	視覺化切入點
老師提供教學短片。	老師透過學習平台設計相關問題，學生回應與影片中的相關問題。	老師及學生即時得知分數，師生能立即看得見學習情況。
老師提供教學短片。	學生可把影片內容以筆記／創意海報的形式記錄。	透過學生視覺筆記／海報記錄，老師及學生都能看得見學習過程中所理解的，從而再作反思修正。

翻轉換來更多創意教學

　　在初中的科學課，我希望透過設計創意科學課能激發學生對身邊事物的興趣，課堂中引入不同的創意活動，希望能充實他們的科學知識之餘，也能培養他們各種共通能力。

例子一：觀察樹葉 學習生物分類

步驟：
1. 學生回家看生物分類的影片，同時回答相關學習重點的問題。
2. 老師在課堂上檢查學生對內容重點的掌握情況。
3. 學生分組，分別在校園觀察樹葉，每組獲分配一部 iPad，同學須以相片、文字及圖像記錄觀察所得。

4. 回到課室後分組討論、整理資料，以及用圖像輔助工具呈現觀察結果。
5. 最後在班上匯報，老師作總結。

例子二：動手造創意玩具 學習實踐能量轉換

步驟：
1. 學生回家看能量分類的自學影片，同時回答相關學習重點的問題。
2. 老師在課堂上檢查學生對內容重點的掌握情況。
3. 學生在課堂上設計及製作 DIY 玩具，同學須以相片、文字及圖像記錄 DIY 的過程。
4. 然後同學再整理資料，並以影片方式介紹玩具。
5. 最後由同學分組互評及老師作總結。

以上的課堂設計重點在於平衡學科知識教授與重視學習過程，希望提升學生在學習過程中的參與度。當下課鐘聲響起，學生還告訴你「老師，我還可以拍片拍多一次嗎？」的時候，我就知道，學生在學習的過程中獲得的不只是科學知識了。

學生眼中的化學堂

學生的支持，永遠都是老師的動力。

Miss Siu 在課堂內外都嘗試了多種教學方式，提升了我對學習化學的興趣和學習成效，鼓勵我在家自學。

當中 Schoology 提供了各種學習資源，例如 YouTube video、extra exercise、功課測驗答案等等，方便學生以不同途徑學習。Miss Siu 親自拍攝了很多影片去講解基礎課堂內容和試卷、習作的題解，亦介紹了不同影片去幫助我們「清 concept」，有助我們做好預習，在正式授課前大概了解課文重點，上課時更深入地討論化學知識；亦讓每位同學根據個人能力和需要去選擇不同影片學習、溫習，隨時重溫課文內容。生動有趣的影片亦提到了我對學習的興趣，讓我更易理解不明白的課堂內容，印象亦更深刻。

此外，在「Kahoot!」等程式進行網上小測驗，可把學習融入於遊戲中，刺激有趣，同學須於限時內回答簡短的選擇題，事後 Miss Siu 即時講解題目做法，既可讓同學鞏固和實踐所學，亦可讓同學和老師都掌握到學習進度，針對弱處加強訓練和複習。

圖像教學亦對我理解化學知識有很大幫助。就如有機化學一課，要學習多種化合物的化學反應，不僅要牢記各種反應的產品，更要把各種反應連繫在一起，Miss Siu 教導我們畫 mind-map 有系統地整理全部化學反應，令每種化學物的關係一目了然，有助我記憶和理解相關內容。

——學生曾嘉慧

Miss Siu 的教學方法加快了我的學習速度。因為我在家中已透過影片了解課本上較淺的內容,因此在課堂上講解較深入的內容時,就可以很快掌握和明白。這些教學方法亦令我可以更有效地吸收課本知識。因為我可按照自己比較專注和適合的時間看影片,提升學習成效。同時,這些教學方法亦方便我隨時回顧學習內容。當我忘記課本內容時,我可以立即看影片複習,比起自己在課本找答案更省時和更容易明白。

——學生王秀瑜

Miss Siu,這三年來真的真的非常感謝您!您是位讓人尊敬、敬愛的老師,一直在溫暖著我們。謝謝您投放心思時間在拍片及在 *Schoology* 為不同學習程度的同學安排貼合她們的資源,激發我們學習自主的能力。儘管你有時要捱夜,睡眠時間很少很少,亦堅持為我們錄製學習片段,謝謝你堅持為不同學習程度及能力的同學錄製貼合她們的學習片段,這股堅持無時無刻都在溫暖著我們,讓學習能力較弱的同學亦感到不被放棄。雖然我們在學科上未有太好的成績,但我們從您身上接收到溫暖,學習到的人生課堂和價值觀,是我們永遠不會忘記的。

您對學生的關懷、陪伴、耐心、包容,這些一點一滴的關心,無時無刻都在溫暖著我們的心,讓我們從您身上學習到該怎樣待人處事,教導、啟發我們應怎樣做人,陪伴我們長大。謝謝你,*Miss Siu*!在成長路上能遇到一個像您這樣的老師是我們的幸運和福分,願你一切安好。希望您對教育的熱誠能溫暖更多學生,陪伴他們長大。

——學生莫曉童

Miss Siu，好開心你可以成為我的化學老師。雖然成績未如理想，但我知道你已經很盡力教導我們。每次測驗考試之後，你都會拍片放上 YouTube，每一道題都解釋得十分詳細，辛苦你捱夜也要拍片給我們。還有經常鼓勵我，多謝您。希望你之後也會遇到一班像我們一樣很可愛的學生吧！就快畢業了，感恩在中學生活遇上你，一個對教學充滿熱誠的老師。

——學生李諾恒

我們都可以是翻轉教育及創意課堂的推動者

我很欣賞夏 sir 的熱忱教學，他相信翻轉教學是現今教育的出路，不但自己勇於嘗試不同的教學翻轉設計，更喜歡與教育界的同工分享心得。感謝夏 sir 以他的熱誠成立了「香港翻轉教學協會」，希望帶動了香港的老師認識翻轉教室。我更慶幸自己能加入協會，以及成為幹事之一，從其他幹事身上，我看到他們實踐翻轉後，都變得更有創造力。我們都在彼此學習，一起努力，共同為教育我們的下一代而努力。

教學是設計，也是藝術。我們如果能夠跨出第一步，我相信每位老師也能有一套專屬的教學風格。翻轉教學令我們的教學更圓滿，成就學生的學習，也成就了我們。當學生對我們說：「你的話，我們會記住。」我們不妨讓學生都知道老師很需要這些簡單的支持，因為學生的學習過程及成長，永遠都是老師創新動力的來源。

最後，除了感謝，還有感謝……

感謝學校對我的支持信任，讓我試行創新的教學法。

感謝同事及學生在一路上的支援與支持。

特別感謝我的學生陪我走上這個教學創新的學習之旅。

我也感激一路遇上，曾與我分享交流的每一位老師。

對於仍未遇上的，我期待在這教育創新之路上，有一天我們相遇。

因為有你們的支持同行，我覺得我可以做更多、更好，更有勇氣在這條教學創新的路上走下去。

CHEM-IS-TRY，化學是嘗試。

作為二十一世紀的教師，也必然要勇於嘗試，才能令成就學生學習學科知識、學習成長及學習做個更好的人。同工們，共勉之。

3

林振龍老師

二〇一三年六月下旬，學校的年終試完結了，學生們只需要上午回校核對
考試試卷，以及參加各類型的試後活動，四周充滿著期待暑假來
臨的輕鬆氣氛。不過對於中四同學來說，今年稍微有點不一
樣，因為他們手上拿著的是一份編得密密麻麻
的「暑期補課時間表」。

我如何走上「翻轉」之路？

密集式補課　師生均感壓力

A同學：「嘩！你看看這個補課時間表，七月尾到八月尾，星期一至五，每天三節的補課，由早上九時到下午三時，如果補足三節，和平日上課有甚麼分別呢？」

B同學：「是否需要補足三節，就要看你修讀甚麼科目了。」

A同學：「不是每科也有補課嗎？這樣看來，讀三個選修科的同學應該補得最多了吧。」

B同學：「才不是這樣呢！雖然每一科也有補課，但補得最多應該是數學延伸部分（M1/M2），整個暑假要補十多節

啊……」

A 同學：「天啊！為甚麼數學延伸部分要補得最多呢？」

大家好，我是在香港管理專業協會羅桂祥中學任教數學科的林振龍老師。以上正正是我校學生的真實對話。為甚麼數學延伸部分要補課補得特別多呢？

根據香港高中數學教育的編排，為了令每位學生擁有基本的數學水平，大家都要修讀數學科的必修部分，也即是一般的數學課。假若學生有興趣進一步研習更高程度的數學，或希望在大學修讀與數學相關的科目時，就要修讀數學延伸部分了。然而，問題在於數學延伸部分既非必修科，也並非選修科，因此學校未能為學生編排額外的課堂。為了處理這個問題，有些學校會利用課後時間，甚至周末及長假期進行補課。換句話說，這樣等於大量增加了學生的上課時間，長遠來說是否一個有效和健康的學習模式呢？

在這樣的處境下，老師們或會開始思考：有沒有更好的方法或其他資源去改善現況呢？否則老師和學生都只好無奈地繼續補課。直到有一天，我遇上了「翻轉課堂」這個嶄新的方向。

一個翻轉教學思維的講座

二〇一四年二月十五日，我參加了一個由香港中文大學主辦，名為「網上教學與翻轉課堂」的專題講座，主講者是侯傑泰教授和夏志雄老師。老實說，當時我對大學舉辦的講座抱有些微懷疑的態度，似乎這些講座都只是以理論為基礎，與實際

運作有很大的差距，最後可能也是「得個講字」，所以我對這個講座的期望也不是太大，當時我還故意坐到最後一排，方便情況有變時可以立即離開。

　　不過那次的情況和我想像中有很大的差別，在座無虛席的演講廳內，侯傑泰教授簡明地講解了翻轉課堂的理論架構，之後就交由香港真光中學的夏志雄老師，道出他與翻轉課堂相遇的故事。我記得當時夏老師從他在《時代》雜誌中閱讀到可汗學院的故事說起，然後開始示範利用教學軟件 Explain Everything，拍攝中三級數學科的備課影片，配合網上學習系統 Schoology，即時掌握學生的備課情況。夏老師就是憑著這些資源，調整課堂上的教學策略，由於學生已經預先備課，他就可以有更多時間進行個別指導。

　　我當時簡直有「叮一聲」的感覺：這不就是我所需要的方法嗎？利用備課影片，擴闊教學空間，既可以大幅減少補課的時間，又可以增加課堂上個別指導學生的機會，不是一舉兩得嗎？但同時腦海裏也有一堆問題：我的學生能夠自行備課嗎？他們懂得使用網上學習平台嗎？拍攝教學影片會很費時嗎？就是這樣，我帶著期待和疑問，開始作出初步的嘗試。

翻轉課堂第一階段：摸索期

邊學邊做　我的第一條教學影片

心動不如行動，首先必須著手研究如何製作教學影片，才能開始「翻轉課堂」。其實最初我不是用平板電腦拍攝的，而是用一塊繪圖板加上相關的軟件，在繪圖軟件上寫上數式拍攝。我還記得課題是「一元二次不等式的圖像」。那時候實在感到不太方便，一邊用手在繪圖板上寫步驟，又要一邊望著電腦螢幕看看自己有沒有寫錯，還要同時間講解當中的知識和概念，即是要同時兼顧三個項目，加上當時的繪圖筆和一般原子筆的觸感有很大分別，要寫得清楚實在不容易，更有可能因為講錯而要重新錄製。結果一段三分鐘的教學影片，最後用了差不多一小時才能完成。當時心想，如果不改善這個情況，是不能夠持續「翻轉課堂」的。

於是想到，不如用平板電腦試試吧！事實上當時學校並沒有提供平板電腦，只是碰巧在二〇一三年年底時，由於我要帶箭藝隊到新加坡參加比賽，為了方便整理資料而買了一部自用，這個時候終於大派用場了。我立即去買了一支專供平板電腦用的電容筆，配合一些拍攝短片的軟件，果然大大減低了拍攝教學短片的難度。就是這樣，我拍攝了十多段關於 M2 課程的影片，準備給學生作備課之用。

如何令學生備課　傳統與創新

　　拍攝完一系列的影片之後，要面對的還有第二個問題，就是「如何令學生備課」。回想起夏志雄老師在講座中的做法，他是採用網上系統 Schoology 監控學生備課的情況。的而且確，運用網上學習系統的好處是即時知道學生的備課進度，而且不需要用人手批改，在接下來的課堂可以即時調整策略。但這些方法真的可以完整地套用在我的 M2 班嗎？

　　M2 班的數學內容比較艱深，除了要理解概念，能否完整地寫出證明及步驟也是其中一個學習重點。如果只是簡單地使用網上學習系統的多項選擇題功能，是難以評估學生備課進度的；如果備課效果不理想，就更難改變一般的課堂模式了。於是我決定使用一個傳統與創新混合的方法，就是將備課影片搭配備課工作紙，先拍攝影片，然後根據影片內容去製作一份對應的工作紙，工作紙有著一個指引的作用，帶領學生去觀看影片，並給予學生一個機會展示他們備課的成果，而老師也可以透過批改工作紙的過程，了解學生的備課情況。

　　想到這個方式後，似乎可以開始推動「翻動課堂」了吧？但事情是否進展得這麼順利呢？

　　拍攝教學影片，就是想將上課內容轉化到一段短片之內，而我們在傳統課堂上講解的時間往往需要十多二十分鐘，那麼是否需要將十多二十分鐘的內容濃縮呢？在「網上教學與翻轉課堂」的專題講座上，兩位講者也曾提出影片最好保持在三至五分鐘內，學生才能夠集中精神觀看。這一點我十分同意，可是當實際操作時，發現要將那麼多的內容壓縮成三至五分鐘，其實是非常困難的。我究竟應該維持講解的長度，令整個過程盡量貼近平日上課模式？還是要為了縮短影片時間而加快節奏地拍攝呢？經過多番考慮之後，我估計 M2 學生是數學成績較好的一群，可能會較有耐性去觀看教學影片，因此在計劃開初，我拍攝的影片長度如下：

- 函數的極限　　　　　　　　　影片長度：20分38秒
- 三角函數的極限　　　　　　　影片長度：14分22秒
- 行列式的特性　　　　　　　　影片長度：10分04秒
- 利用行列式解線性方程　　　　影片長度：24分25秒

　　A 同學：「昨天利用行列式解線性方程那份備課工作紙，我用了三小時才完成啊！」

　　B 同學：「對呀，我覺得工作紙的內容好深，要睇好多次才可以完成那些題目呢。」

　　A 同學：「而且那段影片又長，題目又有多個相關的概念，要做完第一部分才可以做第二部分，我去到中段已經要按停重播

了⋯⋯」

　　B 同學：「唉⋯⋯如果每日做一份，真是難以應付。」

　　從以上對話之中，大家應該可以看出這種「翻轉課堂」的方式有幾個問題：

問題一：影片過長

　　平日二十分鐘的課堂，可能包含了講解例子、完成課堂及老師修正等部分，但將之換成二十分鐘的教學影片後，就只有老師不停地講解多個概念，結果導致這個所謂「二十分鐘」的影片，內容和程度可能已接近一個八十分鐘的課堂，加上影片當中無可避免地缺乏了老師與學生之間的互動，所以如果期望學生能通過影片完全接收這二十分鐘的內容，似乎是不太可能的。

問題二：影片內多於一個概念

　　基於教學進度的考量，老師很多時會希望學生在備課過程中，能夠學習多於一個概念。但實際上，在同一個章節內，不同概念之間經常是有其關聯性的。當我們在同一段影片中放置多於一個的概念，學生有可能由於對第一個概念未能完全掌握，而影響對第二個概念的理解。即使學習態度較積極的學生，可能都只懂得不停重複觀看影片去強記那些他們未能想通的概念，但這是很明顯並非最理想的方式。而另一些學習動機較弱的學生，很大可能會選擇放棄。如果不去處理這些問題，備課又能起到甚麼程度的作用呢？

問題三：學生缺乏空間

在這個階段，我要求學生把備課過程當作一份功課去完成。例如我在星期一發放備課影片及工作紙，學生就須於星期二提交，就像一般交功課的安排。但後來發現學生在備課上和平時做功課是很不一樣的，做功課只是再一次實踐在課堂上學到的知識，並非一個重新學習的過程，所花的時間相對較少。可是備課不只要自行從教學影片中學習新知識，更需要進一步思考和消化，繼而運用在備課工作紙上，這樣難度是倍增的。因此學生如果只有一晚的備課時間，明顯是不足夠的。

問題四：學生不懂得有效地運用教學影片

還有一點要考慮的是，大部分學生都是第一次通過教學影片來學習，他們真的知道如何有效地運用並完成工作紙嗎？

A 同學：「就是開著片段看喇，看完就開始做工作紙。」

我：「過程中沒有寫下筆記嗎？」

A 同學：「我沒有想到要這樣做⋯⋯」

我：「那麼當你遇到不懂的地方怎麼辦？」

A 同學：「啊⋯⋯或者再看多次吧⋯⋯不知道呢⋯⋯」

其實責任不在學生身上，問題是作為老師的我，忽略了學生備課能力的高低，只假設他們在觀看教學影片時的學習效能是和課堂時相同的。對於一向被動上課的學生來說，要對著一段沒有互動的影片去自行學習，是談何容易的事呢？綜合以上的因素，看來這樣的備課策略是註定失敗的。

後來還有一件令我印象十分深刻的事，就是在這個計劃實行了大約一個月之後，有部分數學成績較差的同學跟我說：

「老師，我們想退修 M2 了⋯⋯」

我問：「為甚麼要退修呢？」

同學說：「因為近來 M2 的內容好像愈來愈難，我們真的應付不了⋯⋯」

聽到他們這樣說，我心裏明白他們覺得困難的根本原因，並不是課程真的艱深了，而是我在推動備課策略時，未能提供足夠的資源和方法給學生，令他們不知道如何順利地備課。幸運的是，大部分學生仍然與我一起嘗試這個新策略，於是我決心利用暑假的時間，好好反思並調整方向，在新學年重新出發。

翻轉課堂第二階段：穩定期

調整影片及教學內容

為了爭取多些機會去實踐翻轉課堂，在那個學年的尾聲，我主動向學校提出下學年三個級別的 M2 班都讓我來教。雖然工作量會大大增加，但我希望藉此作出更多的改善。在這一年，我將目標範圍收窄，集中解決上學年出現的四大問題，務求培養學生備課的習慣，踏出成為自主學習者的第一步。

策略一：修正影片長度

通過之前的經驗，我已經大約掌握到學生可以接受的影片長度，似乎五分鐘已是他們的極限，超過五分鐘的教學影片，效能就會開始下降。假如有些數學概念需要五分鐘以上才可講解清楚的話，恐怕在現階段就不適合利用備課影片去學習了。雖然我要花更多時間和心思去選擇合適的課題，但由於影片比以前精簡，令到拍攝時間縮短了不少，學生也不需要用過多時間去備課，算是一個比較能取得平衡的方法。

策略二：「一個課程兩個概念」變成「兩個課程一個概念」

在首年試驗期間，我只是想著將「翻轉課堂」這個策略應用在 M2 課程上，完全沒有考慮過也可用在必修部分中。事實上，必修部分的內容比 M2 簡單得多，應該相對較容易實行，又可藉此加快必修部分的進度，這樣就可以將剩餘的時間專注在 M2 上。於是我嘗試將每次的備課工作紙分散去運用，同時

包含必修部分及 M2 部分的概念，一方面令學生學得較輕鬆，
老師也更容易調節進度。

策略三：訂立每周一次的常規

　　「翻轉課堂」是想製造「先學後教」的模式，最理想的情
況當然是學生能緊貼進度，上課前早已預備好大部分內容，然
後就可以大大提升學習效能。但現實情況卻是老師和學生都十
分繁忙，再要求學生每天都要先備課，老師又要跟進每一班的
進度，對雙方來說都有不少壓力，如果不好好制定一個數量和
實踐模式，相信難以持續發展下去。

　　考慮到以上可能出現的問題，我決定訂立一個備課常規，
就是逢星期四發放影片及備課工作紙，給予學生三天時間去思
考及學習，星期一才收回來批改。實行這個模式後，果然大部
分學生都能在備課工作紙上有較為理想的表現，而老師也可以
運用批改後所得的數據，在隨後兩三天去調整課堂策略，提升
教學效率。

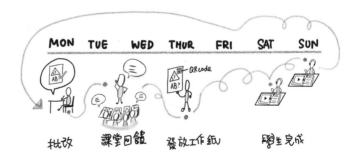

策略四：指導學生如何備課

　　試從學生的角度去想像一下，備課時到底要怎樣做呢？遇上不明白的地方應如何處理呢？這些都是他們沒有學過的課題，如果老師沒有提供足夠的指示，是不可能要求每個學生都能自行解決問題的。舉例來說，老師在製作備課工作紙時，除了列出學生要完成的題目外，必須再次清楚標示教學影片的連結，以及該處的內容可以在書中哪一部分找到。除此之外，更要在課堂上教導學生在看影片時遇到不明白的部分應該怎麼辦，例如要立即按停播並重新觀看，而非繼續看下去。另外，學生必須一邊觀看影片一邊寫下筆記，才可以真正學習到影片內的概念。

　　我訪問了一位現正就讀大學三年級的同學，了解一下當時他作為第一屆「翻轉課堂」學生的感受：

　　那時候老師都預先錄製短片，讓我們在課前幾天預習，有了基礎認識才能在堂上花多一點時間講解更複雜的部分和題目。香港的教育向來以緊湊課程見稱，在有限時間要教授數量龐大的課程，老師唯有簡略容易的部分去跑進度。然而通常愈簡單的課題都是重要的基礎部分，基礎不紮實，後來再深入教授的知識也不會穩固，這也是大部分學生表現出現差異的原因。能力不俗的學生即使接受哪種教學，表現都會不錯，但是同一班同學能力總有高低之分，能力稍遜的同學亦不應該因為校方需要趕課程而被犧牲。

　　錄製短片的好處就是可以重複觀看，不像傳統課堂，即使觀看中途分心又或者看不懂都可以多看幾遍，看到理解透徹為止。

上課的時候就更容易追上班上進度，而老師又不用為了小部分同學拖慢教學進度。記得中五那年我因為要代表香港參與海外比賽而缺席了整整一星期的課，可是透過老師上傳至網上的課堂資源，我也能透過自習慢慢趕上課堂進度，現在所就讀的大學亦會用類似的手法，將錄製好的課堂錄影放上互聯網，供缺席的同學自習，提高教學效率。

可能會有人質疑，複雜的部分還不是一樣是在堂上教授，那結果也沒差別。當然要人人都好好掌握艱難的課題不容易，但是當中的差距可能只是考試拿5** 和5 的差異，考試本來就是用來區別平常人和擁有天分的人的方法。我始終相信擁有天分、能力的人在任何環境都會表現出色，而翻轉課堂就是給普通人去努力收窄和「精英」之間差距的機會，因此實行翻轉教室對學生來說也可算是有百利而無一害。

在此要感謝學生們，和我一起經歷這段改變期和適應期，到了這個階段，總算找到了一個平衡點，令老師可以應付正常的工作量，學生也可以在課外備課，這樣才是能夠持續運作的方法。但在我心目中，備課只是翻轉課堂的第一步，要改變學生的學習生態，仍有很漫長的路要走。為了有更深一層的思考，我想應該稍微放慢腳步，透過分享我的備課策略，好好整理一下當中的細節，也期望從同業的提問中得到新的啟示，在未來的日子繼續改善各項工作。

翻轉課堂第三階段：擴展期

引入電子學習　增加課堂的可變性

當我到外面分享「翻轉教學」時，同業們常常提出幾個關於電子學習的問題，例如「拍備課影片學習是電子學習嗎？」、「電子學習和傳統學習比較，哪一種較有效能？」、「老師有足夠時間和資源去準備電子學習教材嗎？」。

以上問題反映不少人會以為推動電子教學的意思，就是把傳統課堂完全「翻轉」，變成由平板電腦主導的教學模式。推動創新的教學法當然有其好處，但也絕不能否定傳統課堂的成效與價值，然而一種教學法卻未必能配合不同學生的需要，其實兩者之間是沒有衝突的。在第二階段的「翻轉課堂」上，我以傳統課堂為主軸，加入以電子學習輔助的教學措施，一方面保留傳統課堂的優點，另一方面希望可以合乎更多同學的學習需要，處理個別差異。

改善課堂氣氛　不只是「老師講、學生聽」

但當到了一個階段，學生已習慣恆常的備課模式，那麼老師從中所獲得的額外教學時間可以用來做甚麼呢？在推動「翻轉課堂」的初期，我主要將這些時間放在兩方面：第一是增加堂課的時間，為有需要的學生作個別指導，這樣就可以有多些時間應付個別差異；第二是利用那些時間來跟學生討論較艱深的題目。這兩個做法是容易而且有效的，因為這只是強化了傳

統課堂上的內容。可是我仍在思考，難道我們努力建立出來的備課系統，它的功能就只有這些嗎？看來也是時候拉闊課堂的變化了。

翻轉課堂的更多可能

個案一：總結課堂神器：Kahoot

由老師帶領之下總結課堂所學，相信是課堂上常見的步驟。但在傳統課堂中，由於總結課時間通常是擺在課堂的最後一部分，大家經過漫長的學習後已經十分疲累，於是很多時所謂的「總結」就淪為例行公事，效果也未如理想。直到我認識了 Kahoot 這個猜謎遊戲於學習的工具，即使它看似只是一個簡單的多項選擇題軟件，但我認為這軟件很有可能成為總結課堂時學生情緒的催化劑。

究竟怎樣利用 Kahoot 去幫助教學呢？我會把課堂中數學概念的總結，融入我預先準備的五條多項選擇題內，於課堂上最後十五分鐘進行這個活動。

首先請學生分成二人一組，讓他們在過程中互相幫助，以免其中有同學未能跟上進度。接下來最重要的步驟，就是讓他們創作自己的組名，這樣做能夠大幅提升大家的參與度，即使出現千奇百怪的組名，我也讓他們自由發揮。

當大家開始做選擇題的時候，聽著音樂，加上時間倒數器在倒數的緊張氣氛，同學很容易就忘掉自己是在課堂之中，反而像在參與一個有獎問答遊戲，熱烈地跟組員討論題目內容。而且每一題完結時，同學們會立即知道自己的分數，令他們更有動力繼續完成餘下的題目。不過面對學生情緒高漲的狀況，老師必須適時控制秩序，把握機會總結題目內容。

當然其中也有些細節需要特別注意的，例如在時間限制方面，老師須謹慎評估學生需要多少時間才能完成一條題目，簡單的原則就是「預多不預少」。因為一條題目時間太短，學生根本來不及思考，寧願時間多了出來，老師可選擇提早結束，立即總結題目。另外就是要確保學生們能夠看清楚屏幕上的每一條題目，否則會大幅影響他們的投入感。

使用 Kahoot 來總結課堂，和以往最大的分別，就是下課時學生們的態度上的轉變。平時一聽到鐘聲，他們會露出一副輕鬆一口氣的表情，好像終於「放監」一樣。但現在即使聽到鐘聲，他們仍然專注於活動中，沒有著急離開的意欲，這個不就是我們想看到的畫面嗎？

讓我們來聽聽一位中三同學的感受：

Kahoot課堂

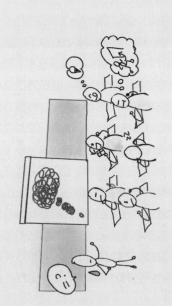

以往課堂

我很喜歡以 Kahoot 的方法來總結課堂，因為 Kahoot 除了可以加深同學對課題的認識，更可以當作是一個小測驗，測試自己是否真的明白當天教授的內容、有甚麼地方是自己需要多加留意等等。由於 Kahoot 屬於一種學術性的競技遊戲，而且有別於平常單向性的課堂，所以同學們都十分投入及認真作答題目，希望自己的名字能出現在排名榜上。而且有些題目更是需要運用不止一個課題的技巧和公式，所以我們必須要將學會了的內容活變靈通才能答對問題，使我們

輕鬆愉快地溫故知新！總括而言，我認為 Kahoot 除了可增加我們「實戰」的機會，還使數學堂變得更生動有趣，我十分喜愛應用 Kahoot 來總結課堂！

個案二：中五函數圖像：Desmos

利用圖像去表達函數是中學數學科很重要的部分，但老師在教學時經常會遇到一個難題——為了加深學生印象，我們會希望學生仔細地畫出圖像，因為這樣可以

較深入了解每一個細節。可惜這個方法有一個缺點，就是速度非常慢，用上兩堂時間也畫不到多少個圖像，更遑論要比較不同圖像之間的特性了。但如果學生單靠觀看圖像，然後老師直接講解圖像的特性，這樣錯漏百出比較省時，但學生就未必能牢記當中的細節了。究竟有沒有一個能取得兩者平衡的方案呢？

繪圖軟件 Desmos 的發明，就正好幫助我解決這個難題了。

我開始嘗試使用 Desmos 教授中五級課題「函數圖像的變換」。Desmos 的好處是只要輸入圖像的方程，就可以即時將圖像展示在平板電腦上，這樣除了能解決繪圖速度的問題，又可清晰地以不同顏色一次過向學生展示多幅圖像，老師講解時就更方便了。

為了充分發揮 Desmos 在速度方面的優勢，我在堂上的做法是先派給學生一份八頁的工作紙，需要他們在 Desmos 上繪製大量有關的圖像，再分別繪畫到工作紙上，繼而觀察函數圖像的改變。這個方法令他們學會從自己觀察的現象中，發現出數學上圖像的特性。讓學生從觀察中學習，相信這個也是很多數學老師的教學目標之一吧。

以下是一位中五同學的感受：

通過相應用 Desmos 這個應用程式，我能透過輸入公式得出相似公式的圖像，一般的二次方程、複雜的圓形方程，也能一一呈現。在學習函數圖像方程中，我們可以在同一時間利用 Desmos 輸入多條的公式，更能加深了解不同相似公式的圖像，把抽象的圖像實實在在的呈現出來，協助我們能更輕易地解讀公式與圖像之間的關係。令我們不再是只得空想，有助我們學習整個函數圖像課程。

個案三：在平板電腦上學習平面幾何：Geogebra

在每年的香港數學競賽 (HKMO) 中，都會有規尺作圖部分。規尺作圖就是使用圓規、直尺等工具去繪畫幾何圖形，當中包含了大量平面幾何的特性。這是在數學科裏面一個非常值得學習的技巧，為甚麼它在現今的數學課堂中近乎消失呢？原因不外乎是效能不高，

同學的感受又是怎樣呢？大家可以聽聽這位中三學生怎麼應說：

老師曾經在上課時使用 Geogebra 來學習，例如在學習多邊形內角和的時候，老師讓我們繪製一個多邊形、量度內角。我認為使用 Geogebra 學習主要有兩大好處。

第一，是將數學概念更具體呈現出來。很多幾何概念和定理單靠文字或著一整頁冗長的代數證明很難令人理解明白，但是透過 Geogebra，我們可以直接用圖像來理解，甚至可以自由改變圖像，令人感覺到理論和現實相符，減少感到困惑的情況。

第二，是幫助應用。在學習時使用時可自由改變的圖像，到實際應用時就更容易將實際情況和課堂上的理論產生聯繫，應用時更得心應手。

還記得二〇一八年三月時，有十五位來自澳門聖羅撒中學的老師要來觀課，在那四堂課之中，我帶著緊張的心情，將我在課堂上的教學手法全部展示出來，究竟他們看完後有甚麼感想呢？同樣任教數學科、澳門聖羅撒中學的謝嘉莉老師這樣說：

要使用的工具繁多，又難以管理學生的情況，於是規尺作圖就變得愈來愈不被重視了。那麼我們有沒有方法打破這個困局呢？

隨著平板電腦的發展，學生現在可以使用動態數學軟件 Geogebra，以較容易的方式來體驗規尺作圖。除了可以將規尺作圖放到平板電腦上，更重要的一項功能就是「復原」，就算學生中途畫錯了，也可以重新再畫，這個是在傳統規尺作圖中做不到的效果。另外，它還可以作動態移動，例如我們畫了一個菱形，當其中一點移動的時候，其他點會怎樣移動去維持菱形的特性呢？Geogebra 就可以做到這一點了。

Geogebra 的功能確是非常強大，但相對其他軟件算是比較難於使用，必須忙上一定時間經常操作，才能夠熟習它的各種功能。我會建議每次用大約的十分鐘，由繪畫直線、量度角等基本技巧做起，熟練後再由三角形內角和等開始，探究不同的平面幾何特性。學生大約在高中時就應該能利用 Geogebra 探究普遍的基本性質的不同特性，而整個過程中，一如以往需要在每次活動上預備工作紙去引導他們學習。

林振龍老師的翻轉教學模式，以學生為本，而老師的角色由傳統的知識傳遞者轉化為學習的引導者，打破「老師說、學生聽」的單向傳授。課堂中的活動多元且豐富，資訊科技工具的靈活應用，能增添添學習的趣味性，又可以即時了解學生的學習狀況。同時，也透過生活情境激發學生思考、誘發數學討論，將數學知識生活化，抽象概念具體化，提升學習動機，幫助學生理解數學問題。

林老師的課堂設計讓學生主動探索，有效促進學生間的共同協作，加上老師從旁適時提供指導，營造了良好的學習氛圍，這些都有助學生保持活躍的思維及積極學習的狀態。

總括來說，「翻轉課堂」在這一階段的重點不再只是要求學生備課，而是希望可以改變上課時的氛圍，令學生從被動學習變成主動探索，並從多方面去接觸和理解數學。以上這些方法的成效，未必會即時在分數上反映出來，但從學生給我的回應當中，讓我相信這是絕對值得繼續推動的教學模式。

翻轉課堂對家人的影響

　　對於丈夫在中學擔任數學老師的工作，一直以來都沒有深入去了解，因為多年來學校老師給我的印象，就是上課時向學生講解授課內容，然後指派學生回家完成的功課，定期有考試、測驗，再不夠的話就回校補課，大致上的方式都是這樣。

　　近這兩三年，開始留意到丈夫在家使用平板電腦拍攝教學影片，好像工作量增加了，我以為是不是因為要推行那些甚麼電子教學，所以要額外做很多準備工夫呢？

　　我本身雖然不是在中小學任教，而是在自己的工作室為不同年齡的學生提供鋼琴和樂理課程，所以常常會和丈夫在教學法方面有些討論。但由於我自己對於電腦方面的知識有限，實在不太明白「翻轉教學」怎樣可以幫助到學生的學習。

　　經過丈夫的解說後，了解到原來可以透過教學影片讓學生備課，令上課時間更有效率，又可增加學生的學習動力，於是我也開始思考，音樂教育是不是也可以有一些突破呢？傳統一對一的樂器課堂，都是老師在堂上講解樂曲背景，教授學生彈奏技巧，但很多時為了準備考級試，就要再加強在音階、視譜、視唱練耳方面的訓練，四十五分鐘至一小時的課堂內要完成以上的內容，很多老師都會感到吃力，要安排額外補課時間也不是容易的事。再加上樂器的學習很難靠文字去記錄清楚，十分依賴老師的示範，而很多同學離開教室之後，如果忘記了老師上課時提過的重點，在家練習時就會失去方向，以致練習成效大大降低，長久下來就會減低學習動力。

　　於是我們經過一番討論，在丈夫的協助之下，我也嘗試拍

攝一些教學影片,示範彈奏考試樂曲,再附上關於樂曲背景的簡介,並提醒同學練習時要注意的地方。製作影片時,發現當中要考慮的問題也不少,例如燈光調節、拍攝的角度、收音效果、樂曲解說的長度等等,仍然有很多方面有待改進。

初步嘗試後,發現大家可以在課餘時間觀看影片,不只增加對樂曲的理解,更可重複觀看和聽老師的示範,比起以往有些家長或學生需要花時間在網上搜尋樂曲,又疑惑怎樣選擇適當的影片去參考,這個方法似乎對於學生的練習,甚至家長督促子女時都有一定的幫助。除了教授樂曲之外,我打算將這些方法擴展到音階(Scales)學習上,所以也開始研究拍攝一系列的影片,特別針對指法方面的練習,希望令學生在家中練習更有成果,減少在課堂上老師重複講解和協助,從而更靈活運用上課時間去教授其他內容。

我相信如果能有效利用「翻轉課堂」的概念,配合電子教學去提升教學質素和效能,長遠來說除了學生得益之外,其實也減輕了老師的負擔,而非表面上增加了工作量。雖然當中仍有很多問題要考慮和解決,但這個做法帶給我很多新的刺激,推動了作為老師的我去反思在傳統教學以外,還有其他教學法是值得嘗試的。

(鄺曉麗,Melissa Kwong,Mosso Studio 創辦人。從事音樂教育,透過推廣各項藝術提升學生造詣。於不同場合擔任鋼琴伴奏,近年亦參與編曲工作。)

翻轉能照顧學習差異！

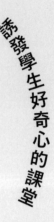

4

激發學生好奇心的課堂

鄭淑華老師

早在二〇一一年，我就聽過翻轉課堂的做法，當時心想，只有傻瓜才會去翻轉。因為既要花課餘時間錄製影片，提前備課，還要傷腦筋思考課堂不講課後剩下來的時間做甚麼，本來要預備一節課的東西，現在變成了兩至三節的材料，工作量大增。

我是蘋果傑出教育工作者，掌握拍片的技術，也認識翻轉課堂，但我並沒有覺得需要翻轉。因為我的課堂沒有問題，配合科技，平常都能做到中上水準。只要在考績觀課時多花點心思，要拿到亮麗的成績、穩定的工作，並不困難。那我為甚麼要翻轉呢？

我如何走上「翻轉」之路？

學生給我的震撼教育

　　直到二〇一六年，我休假後十月中旬回到教學的崗位，接手一班完全陌生的中五學生。他們是 M1 班，以數學能力分班，語文能力差異很大，有兩三位學霸，也有連句子都寫不通順的學生。我並不驚訝，因為理科班都這樣，所以如常的備課，也以平常心進教室講課。沒想到，第一個星期，他們已給我震撼教育。

　　舉例我派發閱讀理解考卷讓學生改正，整體分數偏低，我溫柔地點出原因：「老師發現大家在做閱讀理解時，並沒有在

文章或題目畫線、圈關鍵詞的習慣，老師希望你們下一次要畫重點，因為這樣會讓你更快找到答案。」忽然有一位男生喊說：「你有甚麼證據？畫了線分數就一定高嗎？我不覺得！」我還在想怎麼回應時，另一旁的女生嘟著嘴說：「我也不覺得，畫了線看到眼花，我不喜歡！」大半班學生都加入戰團，群起而攻我。我既驚訝又憤怒，我教書超過十年，要你們畫線圈重點這麼基本的東西也要拿證據，那我豈不凡事都要拿證據嗎？我的意見就是證據！雖然我心裏這樣想，但我沒敢說出口，怕火上澆油。我平靜心情跟他們說：「這是我作為中文老師的忠告，聽不聽你們自己決定。」現在回想起來，覺得這樣回答一點也沒切中重點，反而有點與學生畫清界線的感覺。

　　隔天跟學生訂正答案，文言文字詞解釋「吾不以為病」的「病」字解釋，答案是「錯」，有一位胖胖的可愛女生以法官審案的語氣大喊說：「寫『有問題』為甚麼錯？」我立即反應說：「『有問題』與『錯』意思不同，例如老師教了你東西，問你『有沒有問題』，難道你說你『有問題』你就是錯嗎？」女生不屑地說：「哼！隨便你怎麼說！」典型的「死撐」。有時候他們反駁不了時還會說：「你講晒啦！」或者「你鍾意點咪點囉！」無論我怎麼教，他們就是對抗、叛逆！

　　當老師說甚麼他們都聽不進去的話，這課到底要怎麼上？

　　教書十年，日子從來沒這麼難過！面對這群「頂心杉」，我單憑學科知識來說服他們，顯然不行。即使運用電子教學工具，也沒有引起他們的興趣。我還要把他們帶到中六畢業。這樣的氣氛，這種師生關係，不要說教書，連相處都有困難。我苦思對策，提醒自己要正向思考：

首先，他們喜歡反駁、挑戰老師，證明他們是有頭腦、留心聽課的，我應該把他們的批判精神轉移到學科知識和同學互評上，而不是集中在我身上。

再者，我跟他們無仇無怨，他們不該這樣討厭我，肯定有其他原因。基於這股信念，我去探索不同的教學法，重新審視我的教學。

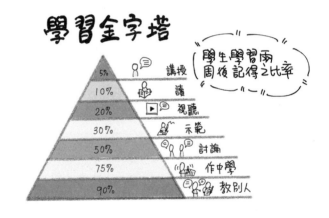

「作中學」、「教別人」能讓學生對學習內容印象更深刻，設計相關的課堂活動尤為重要。

自學思考表達　談何容易

我早在二〇一五年就認識「學思達」教學法，是由台灣的張輝誠老師提出的，曾掀起一股翻轉教學的浪潮。學思達強調

的是讓學生自學講義、思考問題和小組匯報表達，一個先學後教的學習流程。我曾在其他班上嘗試過學思達，讓我覺得力不從心的地方是沒有充裕的備課時間準備內容豐富且到位的講義，對於不會主動學習的學生來說，老師費盡心思整理的講義也未必能馬上勾起他們的興趣，達到立竿見影的效果。輝誠老師演講時常引用一個學習金字塔，內容主要是，單憑講授，學生兩周後只記得百分之五，若有小組討論，兩周後學生能記得百分之五十，如果能讓學生教別人，兩周後能記得百分之九十。難怪老師永遠是最厲害的，因為我們天天都在教別人！我非常認同輝誠老師的主張，由此我領悟出老師示範優質講解與學生互相交流學習的比例是否平衡、合適至為重要，這也是國文老師的專業呀！加上我的學生不太願意乖乖看講義，如果我堅持不講授，他們甚至會質疑老師沒盡責。

另一方面，學思達強調的是探究式學習，以具有挑戰性的提問引發學生思考，以閱讀材料補充，使學生的小組討論有依據；再請小組匯報學習成果，老師加以歸納引導。老師就不再是高高在上的知識傳授者，而是輔助學生學習的引導者（facilitator），這樣學生才有機會自主學習，獨立思考，才是未來社會最需要的特質。既然覺得重要，就應該想辦法實踐，但是談何容易呢？

難點一：這種教學活動很花時間，自學十分鐘、討論十分鐘、匯報十分鐘、老師歸納五分鐘，那麼一節課就只處理一至兩道思考題。深度學習所需的時間，根本是我們高中課程花不起的！

難點二：挑戰題一般設題較深，都是高層次思考的題目，

學生需要有紮實的課文知識才能處理。單憑講義作輔助,學生看到密密麻麻的補充資料已經頭暈抗拒,怎樣才能讓他們快速建構基礎知識,又能激發他們的內在動機呢?這真的考驗老師的課堂設計功力!

拍片翻轉　以空間換取時間

為了解決上述的難題,我決定翻轉課堂!我把講解課文的部分放在影片當中,以十五分鐘時限,把文言字句解釋一遍。先讓學生在家看影片預習,回來才能「學思達」!

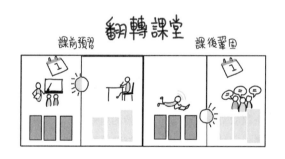

翻轉課堂旨在透過改變教學流程,培育學生高階思考能力。

那我的影片應該拍多久、拍甚麼呢?

有很多教育心理學的研究,指出學生的專注時間大多只有六分鐘,所以翻轉課堂的影片最好限制於六分鐘之內。年紀小

的學生可能要更短一些，可能只有三分鐘。問題來了，六分鐘教中文，可以教甚麼？教作者背景嗎？六分鐘談諸葛亮生平，你能談多少？作者生平只是資料，學生能自己看懂的，為甚麼要拍片？六分鐘教講解出師表課文嗎？大概只能講到「先帝創業未半，而中道崩殂。今天下三分，益州疲敝，此誠危急存亡之秋也！」如果以影片導入作為課堂高階思考的基礎的話，六分鐘的影片顯然基礎太薄弱。

我的學生是高中生，應該可以接受更長的影片學習時間，就參考 TED Talk 的十八分鐘演講，我來一個十五分鐘的精教影片！但講解課文的深度要好好揣摩。

講得太深，學生就不用自己思考！

講得太淺，學生就覺得學不到東西！

這個分寸的掌握簡直是一門學問，而且每一篇文章都不一樣。經過不斷嘗試，我歸納了一些原則：第一、解釋文言字詞句段，但不帶讀者觀點，因為讀者觀點是應該由學生在挑戰題的深度思考中建構的；第二、在影片開首的部分加入思考題，引導學生在看影片的時候更有方向、更有目標，但影片中不可以講答案。

記得在剛開始拍片翻轉不久後，到台灣觀課時分享這種教學模式，換來一連串的批評，指我在做的只是「將填鴨式教育延伸回家！」聽到這句批評，我心裏當然不服氣，如果我真有在影片中填鴨，填他十五分鐘，就是為了釋放學生八十分鐘課堂不用填鴨。這句話有如當頭棒喝，我要努力讓教學影片變成學生自學思考的起點。

拍片要認清目標　與學生建立互信關係

絕不 NG　絕不做後製

決定翻轉後，預習影片的內容該拍甚麼、怎樣拍，便成了難題。全球最大的 MOOC 平台 Coursera 曾經做過研究，學生喜歡老師露臉還是不露臉的教學影片呢？結果是各佔一半，各有優劣。老師應按自己的需要來選擇。我對教學影片的要求是一定要露臉，既要看到解說的筆跡，又要看到老師的臉。如可汗學院（Khan Academy）的影片，有課題的講解和筆跡，但看不同老師的臉。自然有他們的考慮，因為在網絡上來自世界各地的學生，並不認識授課的老師，所以看不看到老師的臉，分別不大。有些時候老師的臉反而造成了干擾，太帥或太醜，都會使學生分心。但另一方面，若教學影片只有筆跡和文字，學生光看著這個畫面就有可能昏昏欲睡了。

我的想法是，要使學生感到老師講課的親切感，又能透過老師說話時的臉容口形變化，加深印象，所以我選擇露臉。聽過有些實踐翻轉課堂的同工分享，如果教學影片不露臉或使用別人的教學影片，會被學生或家長挑戰說老師「沒有教書」。因此露臉的教學影片某種程度上是證據，證明老師的確有「教書」；而學生在家裏看影片的時候，家長看到老師的臉也確定子女在學習。當然信任是要慢慢建立的，似乎露臉的教學影片有助建立這個信任關係。

在香港當老師已夠忙的，如果還做「製片人」，相信不眠不休也難以實現。所以拍片翻轉的其中一個關鍵是，影片製作

一定要簡單。既要露臉，又要清晰拍下投影片和筆跡，「畫中畫」的功能是最好的選擇，但這樣就免不了需要後期製作。老師都很忙，拍完一次還要後製，這只會加重實踐翻課的負擔。有沒有甚麼方法可以輕易做到 1 take 完成呢？我在二〇一六年便發現了這個 iPad 配搭電腦拍片的方法。

老師也可以利用懶人支架，把手機鏡頭影像輸送到電腦上，
手機立即變成實物投影器了！我常用這個方法講解試卷。

打開 iPad 任何一個可以在文件上繪畫書寫的軟件，例如 Keynote 或 Explain Everything，把課堂投影片輸進去，老師就可以在上面標示或書寫，講解課文。然後把這個 iPad 螢幕 airplay 到電腦上面，拍攝的工作就由電腦的螢幕錄製和視像鏡頭負責，有很多免費的螢幕錄製功能都可以做到這個效果。

有些免費 iPad App 如 TouchCast 可以拍下簡單的筆跡，同時拍下前置鏡頭的畫面，但這個拍攝角度頗考工夫，要在平板上把字寫漂亮，就要盡量平放，但這樣自拍的角度就會是「低炒」的雙下巴小眼睛（我就不作示範了），老師要有足夠勇氣才敢傳給學生自學。因此，在我的實踐中，最有效率的拍片方法還是以平板書寫配搭電腦做錄製，自然又容易操作。

拍片的方法五花八門，老師最重要的是明確知道影片的觀眾是誰，是自己學生，還是大眾？這有根本性的差異！

如果影片拍攝是為了讓自己的學生做課前預習，那影片必須與課堂設計有緊密的聯繫，也就是說課堂會承接影片提到的一些概念作為延伸，深化所學。例如我在〈出師表〉的教學影片中加入了思考題，要學生在觀看課文講解的時候注意思考題：「諸葛亮如何在文中同時呈現作為臣子和父輩的身份？」然後在上課時要求學生從內容和語言面貌上分析。這樣影片與課堂內容的緊密扣連，在翻轉課堂中尤為重要。

如果老師拍的教學影片是針對大眾的，例如給公眾自學，又或給所有學生溫習，那影片內容就比較通用，甚至要把一些需要高階思考的答案都一一在影片內說明，難免在某種程度上有「填鴨」的味道。但學生用來溫習會是很不錯的選擇。

　　影片的目的不同，內容也自然不同，無所謂優劣好壞。但老師對於拍片的自我要求，是共通的，影片有沒有做到自己要求的一百分呢？

　　當技術上老師能做到 1 take 把教學影片錄好的時候，老師又是不是能拋開那些小瑕疵呢？有很多老師事事力求完美，教學影片也要做到一百分才會罷休，在錄製影片稍有解說得不好的，或是「食螺絲」、「痰上頸」，都要重新再錄，或者以剪接的方式修正影片，這樣真的很花時間呢！為了節省時間，我的選擇是：「1 Take Principle」，無論發生甚麼事，絕不重錄！絕不做後製！那會發生甚麼事呢？這些故事就跟預習有關。

預習的攻防戰：我與學生的小溫度

　　翻轉課堂的成功與否，很大程度上取決於學生是否願意預習。在課前先看影片，為高階思考的課堂打好基礎，長遠而言，培養學生的自主學習能力，如何吸引學生在家預習成為重要的課題。任何的獎罰制度都是外在動機，很容易會消散，例如學生不再喜歡那些小禮物；而內在動機是長遠的、內化的，是自主學習的起點。教學影片是否「吸引」、是否「有用」就是學生內在動機的引發點。

　　先說「吸引」，教學影片是老師自拍的，除非不斷搞爛 gag，否則很難與龐大的娛樂產業抗衡，但我們教書的又不是做笑匠，為甚麼要搞 gag 呢？還是以學習內容、學科趣味來吸引學生才是王道！我主張以關鍵提問，激發學生的好奇心。問出好問題，是教育的核心，讓學生覺得影片「有用」，

這一點留待下文詳細討論。如何吸引學生自發觀看影片，是翻轉教學必須解決的問題，因為即使老師能在影片中提出好問題，但學生不願意打開影片來看，那再好的講解也是枉然。那究竟怎樣才能讓學生踴躍預習呢？真的沒有必勝法，我也是在誤打誤撞之中嘗試，以下是我的心得分享：

一、影片放在哪裏？

對學生來說，是不是輕易可以看到教學影片很重要。我剛開始翻課的時候，跟從學校的做法，把影片放在 Moodle 學習平台，不過我發現學生根本不喜歡使用 Moodle：用 App 版登入，其設計簡陋，功能很少，使用起來並不方便；如果用電腦網頁版登入，介面才比較好用一些，但必須開啟電腦，學生不一定有此習慣，甚至嫌麻煩。後來我索性把影片放在 YouTube 上，然後把網址用 WhatsApp 傳到學生群組中，學生只要用手機打開就能隨時隨地看影片。

二、怎樣「提醒」學生看影片？

如果很刻意地在 WhatsApp 指名道姓說誰誰誰沒看影片，在中學生的叛逆階段，只會造成反效果，愈叫愈不看。我嘗試利用 Peer 同儕的力量！我要求學生看完影片之後，在 WhatsApp 群組裏給我一個 Emoji，班上有二十幾位學生，那手機提示會響鬧或震動二十幾次，提醒那些還沒看影片的學生快點看影片，他們會因為害怕「被比下去」的同儕壓力而盡快看影片。每當看到群組裏 Emoji 陸陸續續的冒升起來，我不由得沾沾自喜。

不過「好景」不常，這份喜悅只是短暫的。過了幾次之後，我照樣把教學影片網址放上 WhatsApp 群組，請同學看完之後給 Emoji。大半個夜晚過去了，換來的只是一片寂靜。正在納悶的時候，我傳個人訊息給班上某位乖巧的同學，問他有沒有看影片，他說還沒有，因為太忙了。我表示理解，鼓勵他看完影片之後給 Emoji。他很快照辦。我在群組裏立即回應說：「謝謝某某同學，他看了影片，真的很棒！」這句讚美既鼓勵，又提醒，很快班上有同學也看了影片給 Emoji，如是者，我逐一鳴謝及讚美。班上預習的氣氛又熾熱起來。年輕人都渴望認同，這一下又刺激到他們。師生間的互動，真的沒有特定的方法，要看老師的風格與學生的個性。我也在不斷嘗試，累積下來的，就是我與他們的小溫度。

三、怎樣讓學生「投入」於影片自學？

上文談到為了省時，影片必須 1 take 搞定，不 NG，不後製，那在拍攝影片時難免出「狀況」。例如我在學校拍教學影片，突然有某老師經過鏡頭說「夠鐘食飯喇」，我說「得啦」，然後繼續講課；當晚預習時學生在群組中就會鬧哄哄說有神秘嘉賓，大家就會鬧著看影片。又例如我的 iPad 會顯示電話來電，在製作教學影片的時候被來電顯示給打斷了，很多人會選擇剪走甚至重錄，但基於堅守 1 take 原則，我就隨它存在；結果當晚預習完的同學給我的不是 Emoji，而是那個電話號碼，以證明他們有看影片，其他還沒看的人就好奇這是甚麼，然後也趕快去看。有時候我在影片中讀錯了字音，或者說錯了解釋，我會將錯就錯，擬成找錯處的加分題，預習後他們就在群

組裏搶答，又是一個讓學生投入預習的好方法。

　　順帶一提，有些老師或許會問用 WhatsApp 提醒學生預習，並不能監控哪位學生看了，哪位學生沒有看，這樣不夠準確。我當然知道有些學習平台能收集學生何時登入，看影片看多長時間等等的數據分析，例如 Google Classroom 或 Schoology，的確是比較客觀準確。但即使有這數據，那些反對翻課的老師還是會質疑說：「學生放影片時根本沒在聽課，只是放了影片滿足老師的要求。」這種質疑也反映了任何監控都有限制，說到底學習還是自發的，沒有人能強迫一個不願意學習的人學習。因此，我更重視的是信任與良好意願，學生說有預習，老師就應該相信。在課堂上有些小考核，可以透過數據，掌握學生的學習狀況，做到促進評估的學習（assessment for learning）。

設計活學課堂　**5P 動靜交替**

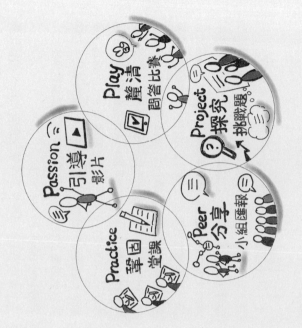

翻轉課堂，拍片只是開始，課堂設計才是核心，如何讓學生建構知識，覺得課堂「有用」，啟發於表達、深化課題，這時候就要靠 5P 的幫忙了！

我的翻轉課堂上課流程在不斷實踐和調整中，漸漸有一套較固定模式，動靜交替，透過變換學習活動來保持學生的專注度。後來認識了米契爾·瑞斯尼克 (Mitchel Resnick) 這位麻省理工學院教授、Scratch 創辦人，歸納他們團隊在發明 Scratch 的過程、提出 4P 創意學習，強調學習應包括 Project、Passion、Peer 和 Play 這四個準則，設計探究式學習 (PBL，又譯解難式學習)，特別幫助學生應對未來社會的挑戰。我將它轉化，用來審視課堂設計有沒有包括 4p 的元素。我發現每一個翻轉課堂的單元都充分展現 4P；又由於我們是日常的課，所以更應強調練習帶來的鞏固作用，所以我又加了一個 Practice 在最後，次序也跟瑞斯尼克教授不同，一切都由 Passion 開始，以 Peer 來強調多元呈現與分享，以 Project 深化研究，最後以 Practice 來鞏固所學，變成符合語文科需要的翻課模式。

注意：中英不是翻譯，英文是課堂必備的元素，中文上行是目的，下行是手段或方法，不同老師可以運用不同方法達到目標。

123

Passion

Passion 是一切學習的起點。身為中文老師，學習中國文學的 Passion 在哪裏？由這個起點出發，我把這個以問題帶動學習的模式簡稱為「活學問」，目標是把學生帶到「以傳統中國文化為本位思考、觀照世界」的境界。透過閱讀文本、滋養生命、理解世界。「活」字強調了來自「生活」的文本。「活學活用」個人化學習、「靈活多變」的學與教形式。透過經典文言範文教學、先了解作者、知人論世；再透過老師自製教學影片，讓學生在家預習，初步探索文本內容，先學後教，以有趣的思考題點燃學生的 Passion。

影片避免讀者觀點，擺脫填鴨式的滿堂灌。「活學問」重視學生的個人差異，隨著科技的進步，這個「照顧」可以做得愈來愈細緻。先談拍片翻轉，我運用平板與筆記本的搭配，輕易製作出露臉的教學視頻，毋須後製。學生既感親切，又會更專注。學生可以按自己的學習需要觀看影片，有些學生會以兩倍速先觀看影片，再以正常速度重看一次，同時摘錄筆記，自主學習。在影片開首部分我會加入思考題，讓學生帶著問題思考，自學時更有方向。而且影片都在網絡上，學生可以隨時隨地觀看，溫習考測，老師就不用一直複述相同的內容。

Play

課堂設計由搶答遊戲 Play 開始，基礎的複述、理解、分析層面，利用網上搶答平台 Kahoot 及互評，釐清學生預習時的誤解。在翻轉課堂中，老師常問學生不看影片怎麼辦？然後以不同手段嚴密監控學生預習的情況，要求學生邊看影片還回答題目。答對就證明有預習，答錯就代表沒認真學。這也許在數理學科上比較強調效，但在中文科中，標準答案不是最重要，我們更強調答案是如何從本文線索中得來，這才是素養導向。所以我以 Kahoot 問答比賽在課堂上評量學生，小組比拼較量，加強預習的動機，又能釐清概念，互相補足。老師可以透過各人在 Kahoot 作答的表現，調整教學步伐，做到 assessment for learning。

後來學生在寫課堂反思時，表明 Kahoot 問答比賽

佐藤教授提是「學習共同體」的創辦人，主張小組共
學而非小組討論，老師盡量不干預。他在講座中問到：
「老師怎樣才能照顧學習者差異呢？」他跑了很多國家，
做了很多課堂研究，得出來的結論是：分層提問，或者
個別輔導，或者課後補習等等方法，全都沒有用！唯有
跨越性的提問才能讓學生覺得大家都站在同一個不懂的
起點上鑽研，他們才會覺得公平。

在數學咖啡館的創辦人彭甫堅老師的數學課堂中，
我以「數學白癡」的身份參與課堂，當彭老師要求我們
輪流玩「手指拳」的時候，假設我出 2，你出 3，我的數值
數值就是 2^3，而你的數值就是 3^2，看誰的數值大、數值
小的就被淘汰。我猜了兩下就舉手跟彭老師說，我覺得
3勝出的機會最大。彭老師有點驚訝的看著我說，「是！
你是怎麼知道的？」我說：「我感覺到！」彭老師說：
「這就是數感。」我真的，我也是第一次知道自己有數
感，在長期的數學科成績不及格的挫敗下，我早就放棄
了數學。沒想到事隔這麼多年再有機會上數學課，我
可以搶著答問題，而且答對。事後我趣味盎然地翻書，
看看答案背後的原理是甚麼，完全出於自發。

加強了他們自學的原動力、想要爭勝的心、熾熱的競
賽氣都使學生踴躍投入，把預習時不清晰的問題都
一一釐清。而 Kahoot 只是其中一種免費的評估工具，
Socrative、Plickers 都是很好的選擇。

重點是，不是老師講授，而是學生透過回答問題，
引起討論，再互相補充。老師從以往建構知識的人，變
成讓學生自己建構知識，老師成為引導者，帶領學生找
到開啟學習之門的鑰匙，才能成為知識的主人。

Project

高階思維的部分是課堂的核心，參考「學思達」的
Project 探究式形式，讓學生自學閱讀講義，再進行課
內翻轉。講義中的關鍵提問必須勾起學生的好奇心，又
能抓緊文本靈魂，達致有價值的討論，在「活
問」，即靈活運用不同的提問策略。在「活問」的設計
中，我主張跨越性的關鍵問題，不一定只依照由淺入深
的層次。這個道理是我從日本佐藤學教授的演講，和台
灣數學咖啡館的工作坊結合領悟而來的。

有很多不同方法，例如把題目再拆細，老師給予更多的指引，帶領討論。在補充講義的設計上，提供更多輔助資料讓學生對課題有更全面的認識。事實證明，班上學科知識很弱，但個腦筋活的學生，特別喜愛這種題目，能激發他們尋找答案的好奇心。這裏問題以好奇心為包裝，我甚至會故意「誤導」學生，「這裏很不符合人物性格！」「這裏好奇怪！」「作者是故意弄錯嗎？」這種「誤導」很能為學生製造「認知衝突」，把學習重點記得特別深刻！

或許有人會問，剛開始時不是說學生不願看或者看不懂文字材料，所以才要翻轉嗎？現在為何又要求學生閱讀講義的補充資料？我的回應是，沒錯，剛開始的時候學生不願看，是因為他沒有興趣，又覺得理解文章很艱難。但我把閱讀翻轉這個跨越性的提問放在自學影片及 Kahoot 遊戲之後，學生已基本掌握文章內容。只剩下「探究」和「深化」未達標。只要在這個階段引發學生的好奇心，像偵探一般把文章抽絲剝繭，閱讀能力必然會提升。因此，我會選擇在這個過程以學思達的方式，讓學生深度學習。

這是一個很好的提醒，我們在照顧學習差異上常有迷思，覺得能力稍遜的學生需要淺白的提問。但提問並沒挑戰性也勾不起好奇心，長此下去，這批學生愈來愈不想學。反之，如果我們相信每一位學生都有思考分析能力的話，跨越性的提問正可以讓不同能力的學生有所發揮，無論是上層概念向下重組答案，還是以下層基礎向上建構，學生可以建立自己的閱讀策略，鍛煉帶得走的閱讀力。

以中文科為例，在篇章教學的過程中，我要求自己要問出核心問題，甚麼是核心問題呢？既要抓住文章的靈魂核心，又要能引起學生的好奇心。例如在〈岳陽樓記〉的教學中，我給學生的補充資料是滕子京請范仲淹作記的書信，附上白話語譯。請學生思考的問題是：「滕子京筆這麼好，為甚麼他不自己寫記，反而邀請范仲淹作記？又范仲淹作記時，一開首就提到滕子京是被貶之人，是不是范仲淹把作弄他呢？」有老師質疑找我這題目給中三的學生做也未免太難了吧，但我的想法是，大學的問題，中三的答案，有何不可呢？挑戰性的題目是必須的，也是鍛煉腦筋的好機會。照顧學習差異

Peer

結合異質分組及小組競賽，激發內在動機，Peer 之間以強帶弱。在課堂設計中，異質分組積點計分造就了以強帶弱的風景。我是用「球會制」的，由球會經理經營球會，組內有明星球員和自由球員。經理則是能力比較弱的一位，當他回答問題時，全組會有雙倍得分，明星球員會急於教懂他幫經理。因此，能力強的學生學得更深刻，能力弱的學生又有重複再聽的機會，充分發揮 Peer 互助精神。

球會經理	明星球員
自由球員	自由球員

我的學生會製作簡單的計分表，畫在白板上，每個單元都有不同的圖案，磁貼就是每一組的代號，這是學思達海螺式計分圖案的變奏。我知道有很多課堂計分的 App，如 Class Dojo，都很有趣。我還是較喜歡畫在白板一角的計分表，因為學生上課時可以隨時看到，課後又可以作為提醒，對學生而言，是壓力也是推動力。

這是同學繪畫在課堂白板上的計分圖，上面放著磁貼，顯示小組的位置，答對問題就能前進，加強競賽氣氛。

答工作紙做完美。我跟她說：「老師很欣賞妳的認真用功，但老師不要一份完美的功課，我希望妳可以在限時內做到最好，考試也是限時，提前鍛煉吧！」她聽後覺得有道理，積極加快速度。

現在資訊發達，在家做功課的學生第一件事情不是翻書思考，而是上 Google 搜尋答案。這是做功課，還是抄功課？真的很難說。在課堂上做功課就不用擔心，因為學生即時作答，不懂的話可以討論或者問老師，更能呈現思考的過程。

5P 翻課流程透過變換學習樣貌，動靜交替：調節節奏，這就是「活學」。希望以由「活問」、帶動「活學」，讓學生掌握屬於自己的、帶得走的閱讀力；建立獨立批判思考，這就是翻轉課堂值得堅持的原因！

是的，若不是這份信念夠堅定，在創新教學的路上，真的有很多狂風巨浪，足以將你擊倒！

在傳統的課堂中教時有限，老師只能選一兩組同學來匯報分享，其他組別就沒有機會表現，被剝奪了學習機會。但在平板電腦搭配下，所有組別都可以輕易錄製邊講邊看的視頻，匯報成果。學生也可檢視重錄、後設省察、反覆精熟，加深記憶。老師與學生對話、歸納評價，給予個別的回饋。在課堂匯報時，運用多元化的靈活方式呈現學習成果，例如概念圖 (coogle)、錄製視頻 (screen recording)、角色扮演 (role play)、仿寫續寫等等。學習成果的多元化展現，除了有助學生發揮創意外，也是內化知識的一個很好的指標，而且尊重學生的個性化特質，各展所長。

Practice

最後一個 P 當然是做功課！完成課堂作業、鞏固所學，才能做到「Practice make perfect」。學生在課堂做功課的時候，老師就可以按情況需要提供個別指導，照顧學習差異。曾經有優秀的學生抱怨說在課堂上二十分鐘的時間不足夠，她在家要花兩個小時來把課文問

翻轉需要堅定和勇氣

優秀學生：「老師，我完全學不到東西！」

　　在我開始拍片翻轉和結合學思達教學的一個月後，班上有一位成績優異的女生在教室裏跟我說：「老師，我有話要跟你說。」

　　我說：「好，請說。」

　　她尷尬地說：「這裏不方便，出去說可以嗎？」

　　我說好，跟她站到教室外的走廊。她更尷尬地說：「可以走再遠一點嗎？」

　　我有點驚訝，心裏想，這麼神秘幹嘛。腳仍是乖乖地跟著她走到遠方的樓梯旁邊。我問：「怎麼了？」

　　女生吸一口氣說：「我覺得這樣上課學不到東西！」

　　天啊！這句話對我來說簡直是雷劈一樣的觸電！心裏旁白是：怎麼可能？我這麼優秀的老師、這麼用心規劃課堂，妳居然不懂珍惜，還說學不到東西！究竟你上課有沒有用心學？因為學過薩提爾心理學（Satir），我止住了心頭的怒火和詫異，平靜的回應她：「謝謝妳願意跟我說，謝謝妳的坦白，謝謝你走那麼遠，考慮我的感受。能不能告訴我，你怎麼會有這種想法？」

　　女生解釋道：「我想要標準答案，自己寫的答案不知道對不對。」

　　我跟她說：「你寫的答案對呀，有時候寫的比標準答案還好！」

她說：「沒可能！標準答案的才是對的。」

我可以回她一句：「妳寫得真好！」「標準答案沒你寫的好！」可是我止住了沒說，我意識到這樣對話下去沒有意思，你說她好，她說她不好。但我看到潛伏內在的是高材生對公開考試的焦慮不安壓力。讓她減壓，讓她安心，才是最重要。我當下建議了一些方法，問她同不同意，能否令她安心？她說可以試試看。

女生又說道：「我不喜歡分組競賽，我不要教別人。」

我再次問她：「發生甚麼事了？」

她說：「因為我是對的，另外兩位（較弱的）同學選的答案是錯的，但基於少數服從多數，我就要聽從她們，結果剛才那題就答錯了，連累全組沒有加分。」她有點動氣。

我心裏想，我應該以學習金字塔為自己找理由，還是跟她說道理說日後出來社會工作，常常要面對你自認為是對的，別人是錯卻不聽你講的事情呢？結果我都沒說出口，只跟她說：「下一次嘗試想辦法遊說同組的同學，如果真的不行的話，可以讓我知道嗎？讓我也加入討論，可以嗎？」她說好。

我再次謝謝她，因為我知道她可以選擇向校長投訴，或煽動更多同學出來抗議，這對她來說是輕易做到的事情，她沒有這樣做，反而坦誠地跟我說，證明了她在乎我，也在乎這個科目的學習。

這件事給我很大的震撼，一方面調節了改變的步伐與應試的訓練，觀察她的反應，她也乖乖地配合，繼續教別人，好像沒事發生。另一方面，放不下的人是我自己，我對她總是愧疚，也許她並不適合異質分組，並不適合教別人的模式，我卻

因為全班的整體安排而犧牲了她的需要。如果我沒有翻轉教學，她會不會學得好一些？這成為了我的心結。

自我懷疑是必經階段

後來機緣巧合，來自台灣的薩提爾（Satir）專家李崇建老師來我校主持工作坊，我到機場迎接他，在路上跟他閒聊，聊到創新教學的壓力，我講述了這個故事，崇建老師問我好幾個問題，對話大致如下：

崇建老師問：「你剛才說這些，有愧疚嗎？」（有愧疚）

「你有自責嗎？」（有）

「自責甚麼？」（就是明明她不適合教別人，我卻還要她教？）

「妳從哪裏覺得她不適合教別人？不適合這樣的學習模式？」（因為她不喜歡。）

「她說不喜歡，我從妳的描述裏，聽起來她覺得不知道如何說服別人？是嗎？ 妳不覺得她遇到一個困難？那個困難是如何說服不同意見的他者？這樣說服他人的能力，是否是她需要學習的？是否可以讓她意識到這部分？妳可以問她願不願意接受這個挑戰嗎？」

崇建老師這一連串的問題把我從自責的情緒中拉了出來，他更關注的是，我為何會自責，為何不能欣賞一個認真教學的自己？這種自我壓迫的性格是從哪裏來的？這些問題都衝擊到我的內在，也展開了我學習薩提爾的幾個旅程。我想在每一位推動創新教學的老師一定有過類似的經歷，如果信念不夠堅

定，很容易就會因著種種的質疑、否定，甚至投訴、批評，而放棄。這時候我們需要薩提爾對話技巧。學習薩提爾使我對自己的感受有更多的覺察，更加的堅定內在的自我價值，有一種第三度誕生的感覺，就是與自己的內在小孩和好的一個過程吧。有機會再寫這些故事。

堅持是王道

但我想強調的是，在創新教學的實踐中，老師要面對的挑戰極大，改變需要勇氣，勇氣需要堅定的意志，老師要有強大的內在，才能安撫學生，引導同事，穩住自己。在台灣創辦學思達教學法的張輝誠老師就非常有遠見，每次學思達老師的增能課程中，都大量加入薩提爾的對話訓練，讓老師更掌握對話的技巧與心理素質，無論在教學還是日常管教孩子，都起到莫大的作用。

學生回饋的震撼彈：老師你還好意思填鴨嗎？

一步一腳印，走過的路都會留下印證，特別是人的工作，生命改變生命。如我，從來不會告訴學生，我在用甚麼教學法，因為學生們完全不需要知道。當我以為他們甚麼都不知道的時候，他們卻像教育學專家般，寫了以下的千字文給我，表達感想，在這裏跟大家分享。

鄭老師的課堂我認為大致可分為四部分，分別是背景資料的補充、影片自習、小組討論以及 Kahoot 問答。每部分各司其職同時又互補不足，以相輔相成的形式引發我的興趣，提升語文學習效能。

背景資料的補充可以使我們對作者的心境有額外的認識，更可以增加我們對中國歷史和文化的認識，間接了解中國的傳統價值觀念，深化自身的文化修養。

影片自習則取代了傳統教學模式中的文章解說。透過老師拍攝教學影片，在影片中詳細解說字訓、語譯以及語境等，使我們可以在課堂以外隨時隨地作學習及重溫。

Kahoot 環節的存在則作為自習的原動力，班內所有同學一同參加，其比拼的氣氛和互相較量的心態使大家必定會花心機在課堂前的預習上。久而久之，即使本來對中文熱情不大的同學也會參與其中，一同獲益。

而小組討論的環節，老師會把一些可以引發對課文思考的問題連同補充資料或課文一同拋出，要求同學在閱讀補充資料後對一個歷史人物的個性和行為作推敲，從而代入當時作者的局面和

歷史形勢，了解課文中作者想帶出的心境，而同學們的見解往往可以帶出不同的角度，擴闊同學們對某些人物的視野。

我們課堂中也需要完成工作紙，同學會分成四人小組，各自對工作紙上不同的問題作分析，並從中了解不同題型的得分重點及位置，然後在課堂上交換和分享所得。

DSE 的制度要求同學對十二篇範文深入的認識和了解，而往往自主課堂和 DSE 的制度總讓人感覺水火不容。因 DSE 需要的是考試導向的課堂，而自主課堂則較側重於思考通達。但是，現在的課堂模式可以令同學對課文有更深入全面的了解，使同學對範文的認識不再是死記硬背，而是有充分了解後化為答題的工具，在考試中根據所需在腦海中抽取所需的部分。

這種上課模式可以一改以往中文課枯燥乏味的形象，提升同學主動要求學習興趣。我班上不少同學也由起初的不願上課到現在對 Kahoot 有著癡迷一般的渴求。雖然也有些同學不願參與其中，但只是寥寥可數的一兩個。畢竟一種課堂流程不一定可以滿足到所有同學的期望和需要，學習始終需要自己付出努力。相比起以往上中文課只有一兩人會給予反應及參與其中，我認為現在已是一大進步。而我，也是這種上課模式的受惠者之一。我也十分慶幸可以在 DSE 的最後兩年遇上鄭老師，找到適合自己學習中文的方式，重新引起我對中國語文科的興趣。

——中六級廖同學

鄭老師採用的翻轉課堂的教學模式，即先在上課前錄製好課文內容，製成短片供我們觀看，然後在課堂上以問答或線上測驗等方式為我們補充進階的課文內容，以及從對錯中掌握學生的能

力，從而能為學生提供最合適的照顧。這種學習模式確實具啟發性，以及為課堂增添效率。

以香港中文科十二篇指定篇章課程為例，試想像老師要在課堂上逐字逐句解釋課文內容，枯燥乏味之餘更浪費了上課時間，學生更對此提不起興趣，這是我作為學生最切身的體會。但鄭老師以翻轉課堂教學模式取而代之，將課文語譯的工作預先在片段中錄製好，讓我們先作備課，片段中更設有問題引起思考及在課堂討論。然後在課堂上老師只需要與學生們討論相關問題，補充作者的背景、寫作動機、手法等，讓學生對課文有更深入透徹的理解，亦省下很多上課時間。而且採用這種方式對比起香港一向的填鴨式教育制度更能啟迪學生思考，因為老師在這種學習形式上只是作為輔助的角色，學生需要自發學習並思考當中要點，才能收學習之效。而正正因為他們在學習過程中懂得思考，不但訓練學生的批評性思考能力，對比起「填滿瓶子」這種固有的學習方法，而學思達能加深學生對課文的理解，因為他們在學習過程中咀嚼過文章的一字一句。

但這種學習模式要求學生有高度自主學習能力，他們需要在家自行觀看影片，然後在課堂前對思考問題有一些自己的看法，在課堂上的討論才能有深度。雖然部分學生缺乏這種能力，但這種能力卻是現今社會需要具備的。因此，與其繼續採用填鴨式教育迎合自主學習能力低的學生，倒不如使用翻轉課堂的學習模式，在個人化的學習照顧上訓練他們的自主學習能力，既能提升學生的學習效能，又能培養學生日後踏足社會需要的質素，這是教育最終的效果吧。

——中六級陳同學

滿滿感動,然後呢?

收到學生寫給我的千字文以後,滿滿的感動,大家不要忘記,他們就是當初那群「頂心杉」,在一年多的時間相處中,翻轉課堂使我們的關係徹底的改變了,也使學生的學習態度逆轉了!

我從來未跟他們提及我用甚麼教學方法,他們也不懂教育理論,卻能這樣講得頭頭是道。除了要讚嘆他們心思細密之外,還不得不說的是,連學生都充分察覺自主學習的主要性,我們當老師的,更應該給予他們足夠的學習材料和舞台,讓他們發揮。

陳同學有一句話讓我特別深刻,他說不要為了遷就自主學習能力較低的學生,而剝奪了訓練大部分學生的機會。這樣使我想起在無數次工作坊或演講裏,被問到如何保證每一位學生都看影片預習?我說我無法保證,正如我無法保證每位學生都做好功課,無法保證每位學生都留心上課。我們只是小小的老師,除了保證自己盡心盡力教好課堂外,我不能保證學生會發生任何行為。

教育真的是一門藝術,每人有不同的發揮和詮釋。我只可以在能力所及的範圍盡力,學生預習與否,是學生的責任,不是老師的責任。學生不預習來上課,他要為這一課跟不上進度而負責。千萬不要因為他跟不上,就在課堂上把影片的內容重講一次,或者在課堂上播放預習影片,一旦這樣做,翻轉課堂就完蛋了!否則沒有學生會在家看老師的影片,因為他知道老師一定會重播。

　　有人或許會問，如果學生沒看影片，完全跟不上學習進度，怎麼辦？真的完全不理他們嗎？其實我在看完影片回來的課堂上，會設有五分鐘自習時間。已預習好的同學會在案上放滿了筆記、參考教材、課本等等，在這五分鐘預習內容，準備 Kahoot 問答比賽；而沒有預習的同學則會用這五分鐘觀看影片，他們會調為兩倍速，可以匆匆看到三分之二的影片內容，當下記憶猶新，仍有躍躍欲試的動力，希望在問答題裏搶分數。這也是讓學生覺得影片「有用」的方法。

我的代課小插曲：翻轉初中中文課堂

沒有 Passion 的年輕人

　　教無定法，原來是真的。中六級考公開試離校後，機緣之下，我接手了一班中三的學生，他們在學習上很掙扎，自我形象低落。我嘗試在班上實踐 5P 翻轉課堂的模式，希望他們更熱衷於學習。我的代課只有二十天，任務是教好兩篇課文──〈岳陽樓記〉和〈論四端〉。我懷著滿腔的熱血，期待著初中學生的改變。當我一進教室跟他們說：「在我們的中文課堂上，老師是不會講課的！」

　　「為甚麼？」全班嘩然問。

　　「因為我要講的都會拍片給大家回家看」

　　「不想看！」學生斬釘截鐵地說。

　　「回家看影片，回來做功課，好不好？」

　　開始有人說好，卻仍有一半人說不要，班上議論紛紛。

　　當我要求他們回家看〈岳陽樓記〉的影片後，第二天回

來，只有三分之一的同學看了，大半沒看。

比較乖巧的學生說：「老師，你懲罰那些沒看影片的學生吧！這樣他們就不敢不看。」

我問：「罰甚麼？」

他說：「罰抄書、罰站都可以」

我說：「謝謝你這麼認真。讓老師再想想。」

實際上，我堅持不在預習這件事上給予任何懲罰，這是我的原則，有多少老師罰學生造成童年陰影，有多少學生因為被罰了生出許多憤怒與自我否定呢？我更願意了解沒有預習背後的原因。這種輔導需要用薩提爾對話來溝通。

Play 引起 Passion

後來我想因為他們第一次，還不知道怎樣「玩」這個「遊戲」，所以才會不聽指示。我多給了他們一些時間自習，他們學得蠻快的。然後一玩 Kahoot 問答題的時候，全班都變了樣：拿著 iPad 在最靠近螢幕的地方，席地而坐，聚精匯神地投入遊戲之中。在數據分析中，我注意到有些很懶散的學生，他們的中文水平卻很高。我再三的讚美這些學生，他們在整個代課期間，都非常合作認真了！也因為遊戲「好玩」，學生比較投入參與，因為要在遊戲中勝出，觀看預習影片是很重要的。班上開始有學生議論說：「在遊戲取得高分有甚麼獎品？」這道題我已經很久沒聽見，因為在高年級的課堂中，他們只為了得分，分數能換甚麼？他們從來沒有問過。

動機真的很重要，積點獎勵是其中一個外顯的獎勵方式。甚麼小文具、糖果都吸引不到他們，直到我出「殺手鐧」：免

默書券和免測驗券，他們無一不心動，全班鬧哄哄的。我事先聲明，我們每一篇課文要默四次書、兩次小測，他們都哀鴻遍野，直至免默書券出現後，他們就重拾學習的鬥志！有較緊張成績的學生舉手問，免了默書或小測後，我們的平時分豈不比其他班少了？我跟他說：「放心好了，老師會處理。」然而實際上，我從一開始就把默書和測驗的次數大大提升了，別的班只一默一測，我弄成四默兩測，我即使給他們免了一次兩次，還有很多項目可以計分，所以根本不成問題，但在班上就有很好的驅動作用。當老師，還是得要懂得耍小手段！

學生開始在乎分數了！

只要在乎，學習就會發生！

只要在乎，動機就會內化！

我開始看到有同學看影片自學時，寫了滿紙的筆記，方便溫習，這就是自主，不用老師逼迫。

Project 很深 但很有趣

探究式學習的部分，以跨越性的提問，配合平板電腦和 LoiLoNote 這個學習平台進行，特別在 Instant Response 上，做到即時的呈現，使課堂流暢互動，是我能確保每個孩子都在動腦筋的課堂。我也可以輕易比較學生的答案。他們以平板電腦錄製小組匯報，比以前更有效率。他們有了改錯重錄的機會，可以先自評後再交上。老師的板書都寫在學習平台上，他們可以隨時重溫，免卻了抄寫的辛苦，更專注於思考之上。

不過他們始終是能力比較遜色的班別，學習速度比高中的學長們慢很多。我的 5P 設計要花上接近一周才能完成。很多

老師會擔心教學進度的問題，我更關心的是學生是否學懂，而非教師是否教完。畢竟是一次翻課，慢一點也很正常。接下來的是〈論四端〉，因為課文較簡單，我們就自然能加快速度了。

進度表是學懂的進度，而不是教完的進度！

5P 是一個環環相扣的課堂流程，要求老師貫串的設計思考。我習慣以 *Understanding by Design* 的理念，時刻提醒自己「以終為始」，究竟我想透過這篇課文，把學生帶到哪裏去？只要想清楚這個「終點」，課堂的設計就不會走偏。這也是我近年在教師工作坊推廣的教學理念。

二十天的課堂很快就結束，我讚嘆學生的適應能力，既要適應新老師，又要重新學習自己建構知識，還要自學全新的學習平台，但學生對於中文課的趣味感與投入度都大大提升了，我也愈發感覺到他們的自信了。這經驗使我明白，翻轉課堂不是只適用於精英班或動機強的學生，翻轉課堂也不是高中生的專利。翻轉談的是老師設計以「學生學習為中心」的教學，哪裏有學生，哪裏就能翻轉。

幫助老師　才能幫助更多的學生

　　總括而言，教學法有千千萬萬種，翻轉課堂狹義上只是其中一種教學模式，但廣義的說，翻轉教育是指一切以學生學習為中心的課堂，有沒有電子學習工具都是其次。這樣看來，有很多創新教學法都可以跟翻課搭配結合，例如學思達或者學習共同體等等。老師可以按照學生需要而靈活運用。沒有人說翻轉課堂就要每一節課堂都翻轉。先從小步子開始嘗試一兩個單元，再看學生反應如何而調節。

　　翻課不能解決所有問題，沒有一個方法可以解決所有問題。

　　翻課也絕對不只是影片，配合課堂設計才是最重要。

　　我們設計這麼多「花樣」來扶助學生學習，其實就是為了終有一天他們能自主、自動自覺，成為一位終身的學習者。

　　教，是為了不教！

　　扶著，是為了放手！

老師是最佳的自學者

　　想要學生成為終身學習者，老師們就更應該以身作則。在創新教學的路上，要自學的東西實在有太多了。我自己就是利用長假期到處跑，拜訪名師、觀課，希望學到更多方法，幫助我的學生。

　　曾經聽過張輝誠老師分享一位六十五歲故事大嬸的故事：她在互聯網上看 YouTube 影片，自學學思達，然後在她的故事

課堂裏實踐，並且開放課室，讓大家來觀課交流。這個故事深深感動了我，因為這正是終身學習者的典範，活到老，學到老，仍然有這顆求新求變的熱心，真是值得我們每一位後輩學習。

不做，不會怎樣。

做了，很不一樣！

正如文章一開首所言，我以為只有傻瓜才會翻轉課堂，因為工作量會倍翻。直到我遇到挫折艱困，不得不改變的時候，翻課卻成為我的不二之選。拍片備課、設計課堂雖然艱辛疲憊，但一看到學生投入學習、思維活躍、滔滔不絕地發表時，那是世界上最美的畫面。因為那學習的耀眼光彩，使我覺得備課再苦再累也是值得的。這就是創新教學迷人的地方。一旦改變了，就不會想走回頭路，慢慢就能摸索出自己的創新之路。

在這變革的路上，遇上很多老師前輩給我很多啟發，非常感恩；也慶幸加入了香港翻轉教學協會這個大家庭，匯聚各科翻轉教學的精英老師，充滿熱情與創意，我們一起並肩前進，分享我們的故事和經驗，不計成本。因為我們相信，幫助一位老師，就能幫助更多的學生。

抱著這個信念，我們參與不同的教師工作坊或講座，分享教學心得，足迹遍及香港、內地、台灣、澳門、日本、美國等。我不敢奢望老師上完工作坊之後就會開始翻轉課堂，但我敢保證這是一場對於教育本質的反思，反思過後，老師仍然可以選擇在哪些方面作出改變。二十一世紀，未來教學，改變是是必然的。有了科技產品，提供了數據分析與多元表達，老師若能善用，必能提升教學效能。工具五花八門，方法各適其

適，唯一不變的是「以終為始」的設計思考：我們想要培育出怎樣的學生？未來社會需要怎樣能力的人才？

如果這是我們教育工作者的「終點」，那今天的「起點」你會怎樣開始呢？

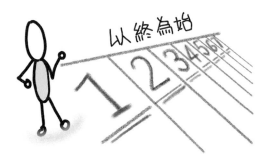

5

老師蹲下來教學的課堂

薛子瑜老師

多年前，收到香港中文大學校友會聯會的電郵，介紹侯傑泰教授演講「翻轉教學」。對這種教學觀念及模式特別震撼和深深吸引。開始了自行摸索拍片，讓學生在課前預習。後來在教育局轄下的教師培訓系統「教育培訓行事曆」報名參加了夏志雄老師及文可為老師教授的「翻轉培訓課程」，系統地學習翻轉教學歷程。

我如何走上「翻轉」之路？

忽聞噩耗　翻轉助解困局

　　當自己開始有點信心，滿心期待想與科組的同事一起準備在中一級中國歷史科推行翻轉教學時，卻在某日早上七點多，接到同事的短信：他驟然離世！面對這突如其來的消息，心中的難過、傷心難以揮去，我至今仍無法承受這種痛！

　　當年中一級共有五班，本來他教四班，我教一班。忽然發生這事，一切都打亂了，我無法按課表上課，適逢即將統測，又無法馬上找到合適的代課老師，只好集合全級五班學生在學校禮堂一起上課，以解燃眉之急。這中一級一百多人上課時都很懂事、很安靜，但能力差異非常明顯，部分人會將歷史人物張冠李戴、史事時序顛倒、來龍去脈混淆，學習效能強差人意。為了照顧不同能力的學生追上中史科的學習進度，那時只

好運用還未嫺熟的拍片技術，將歷史事件的基本史實、經過、結果等拍攝成短片，通過內聯網發送給學生預習。如果學生看短片後未能即時消化內容，可反覆觀看直至明白；再有不明白的地方，就可個別與老師商討；到上課時才訓練他們整理、分析、評鑑等方面的能力。這樣既能使學生們在上課前能有基本的史事認識，又能提升課堂教學效率、減少前期差異。

　　從此以後，每個星期開始自拍初中內容四至五部教學影片，一邊拍、一邊教。用了一個學年拍完了整個初中級的中國歷史科教學影片，再根據課題整理相關的預習題目，讓學生們在課前練習。雖然非常辛苦，但想到學生、想到對教學的幫助、想到他為學生的默默付出，我做的這些又算得甚麼。

　　到了拍攝預習短片的下學期，發現課堂的教學效果雖有起色，但學生參與被動。我於是搜尋網絡及四處遍訪名師，向其他教師請教取經。有幸遇到台灣「學思達」創辦人張輝誠老師、鄭博仁老師、孔慶麗老師、李昌澤老師、林姿君老師、蔡永強老師、「MAPS」創辦人王政忠老師、李雅雯老師、溫美玉老師、「數學咖啡館」創辦人彭甫堅老師、郭毓倫老師，以及「品學堂」黃國珍老師。他們無私開放自己的教室、分享講義，讓所有老師們觀摩、交流。不但讓我從中吸收巨大的養分，更使我明白：「分享不但令自己成長，還使身邊的人共同地愛」。這種真誠不就是既「翻轉」身邊人，又「翻轉」自己的人生嗎？

翻轉好處多　為新課程做好準備

　　有人會問：為甚麼要這樣辛苦？中國歷史科的範圍太廣闊，年代久遠，許多知識都想有系統地教授給學生們，卻無法在有限的課堂時間內將知識有效地傳遞給不同能力的學生。偶然的機會下，發現翻轉教學模式如網絡預習及溫習、課堂進行高階思維討論、課後共同評估等，對解決中國歷史科的教學困難極為有效：能讓學生在課前掌握基本歷史知識，如果有疑問或不懂，學生可重複看短片解難；老師可以騰出更多時間與學生進行批判性思維及增強能力訓練。在翻轉課堂上，老師可運用科技幫助學生們進行小組討論、協助學習，還有縮短學生的差距，增強學生們取長補短的、共享的學習態度及文化。

　　初中中國歷史科新課程已定於二〇二〇年在香港中學實行。新的課程將是新的挑戰，更考驗老師的「主題式」教學能力，也需要學生能有效地整合與融匯貫通能力，所以我也不敢怠懈，需要準備更好的中國歷史科「翻轉教學」了。

　　願更多老師，為了香港學生的未來而同行！

鼓勵學生教學生　老師角色也翻轉

打破舊有框架　多看多試多學

　　學生多年學習，習慣了傳統的教學模式，一下子要他們轉用另一種學習模式，難免不習慣。

　　以前在課堂，全班同學安靜聽老師講課，只需專心聽、快速抄寫。如有不懂，可舉手問老師；再有疑問，下課後問同學或老師。現在的課堂一點也不像以前，許多同學「竊竊私語」地討論、「被迫」競爭、「被迫」教跟不上進度的同學，還「被迫」站在黑板前報告，而報告時心情緊張、腳不斷發抖，手心不斷冒汗，還有老師不斷地問各式各樣的複雜問題，並不能三言兩語混過去。

　　他們是一群熱情、活潑、愛嘲笑對方的小男生和小女孩，每次上他們的課總是樂此不疲。同學們都習慣了多年的單向面授式傳統教學，當我接手這班，提出改變教學方式，運用翻轉教學模式，經過幾節課後，他們紛紛直接地表達重回舊地的願望。我好奇地問：「如果你的父母告訴你：這男生／女生有哪些過人之處，有很好的家庭背景，事業有成，他／她將是父母為你選好的配偶，你願意娶她／嫁他嗎？」同學一聽到這類話題，開心地互相調侃：「以後生活無憂啊你」、「你可以嫁給有錢人啦」等等。

　　突然有一微弱的聲音：「但我不想這樣！」同學們的笑聲慢慢稀落……

　　我便說：「可是大部分的父母都為子女好，他們一定都是

挑最好的！」

「但是那並不是我愛的人！」、「更不能一生相愛到永遠！」

我說：「那父母可能為你準備了好幾位呢！」

「那他們的標準也不和我一樣！」同學們都議論紛紛。

我反問：「對呀，那學習為甚麼只有一種方法？既然選配偶不能只憑一方意見，那怎可以不多多聽聽其他人的看法？」同學們開始沉思。

「可是有教科書的答案，我比較安心！」

我說：「那這本教科書包括了所有的事實真相？」

「不全是！」

我說：「那如果將市面上所有有關這科的教科書都買了，你就可以知道事實的全部真相？」

「那只是知道的更多，但並不是全部。」

「那可能真真假假，更難分辨！」

「但是，我更擔心影響分數！」「分數影響名次。」「我怕媽媽說我不努力！」同學們議論紛紛。

我說：「測驗成績不理想，就代表你永遠不努力？」

「不是！」

我說：「沒有寫出標準答案，就代表沒有掌握好知識？」

「那也不是！」

我說：「名次代表你的真正實力嗎？」

「可能」、「一半一半」。

我說：「老師也覺得成績只是暫時的表現，不代表你以後都是這樣；反倒在每次遇到挫折時，尋找原因、吸取教訓，愈

加努力、永不放棄！」

「老師，我會用實力證明的！」

「我會追上來的！」

「老師，我不輕易放棄的！」

過了幾天後的上課，同學們早已準備好上課的準備，一個個鬥志昂揚。翻轉學生傳統學習方式，不但拓展了人的視野，而且翻轉了人的態度！

嘗試站在學生角度想

在推行翻轉的初期，在部分學生質疑、抗拒新的教學方式，也屬預料之內。

甲同學：我不想學！

乙同學：我看預習短片和問題就想睡！

丙同學：好難呀，我看不懂

丁同學：我不會去學的！

戊同學：老師，為甚麼要預習？

在「翻轉教學」起初，網上預習都是老師要求學生提前去完成，但學生都有各種理由沒有去做。正如學校的作業往往都會出現沒有交齊的情況一樣，但老師們大多懲處處理，輕則留堂，重則記過。這樣做雖然立即見效，但學生迫於形勢才完成，長遠來說師生關係因這些小事而累積成為日後的鴻溝！有的老師可能會說，如果不小懲大戒，日後學生便無法無天；有的老師可能會說，當年我的老師也是這樣處理違規的學生；有的老師甚至會說，學生不做預習是家長督促無效所致。各種問

題原因都歸咎於學生的錯。

　　學生沒有完成預習是甚麼原因？老師們所用的方法能解決問題、重建學生完善的責任心嗎？只是以自己角度看事情，容易以偏概全。試從學生角度想想，學生沒有預習有客觀或主觀原因有很多，客觀上例如家裏沒有經濟能力購買智能手機或繳交上網費、學生以前的學習經驗沒有預習帶來的成功感、老師在課堂上還會重新講預習的內容；主觀上可能學生對該科沒有興趣、曾經在過去發生重大挫敗或陰影等等。加上千禧後的學生的自我感較強，更容易加深師生之間的誤會。其實翻轉教學並不是單純的教學模式，它更要求老師具內在的心法——「沙維爾」（Satir，台灣譯作「薩提爾」）。它指出常人大多以四種溝通模式相處：「指責型」、「超理智型」、「討好型」和「打岔型」。舉例如下：

反應模式	指責型（老師）	指責型（學生）
感受	生氣、不耐煩被尊重、被認同我是失敗的老師	氣餒、委屈及挫敗
信念／假設	這樣很丟臉、沒有威信	理由是「合理」的
期待	不要哭鬧	可以過關
渴望	被尊重、被認同	被理解
對自己的看法	我是失敗的老師	懷疑自己？

其實以「一致型」的模式才能找到學生問題（表面言行）背後的「感受」、「信念」、「期待」、「渴望」、「我是……」等等情緒冰山下的根源。「一致型」的面對模式如下：

- 第一步：先停頓（十秒以上），深呼吸，讓自己先放鬆。想想現在的情境是甚麼？彼此的冰山底下是甚麼？（停頓不是示弱，而是深思熟慮、調整自己；也讓學生冷靜下來。）

- 第二步：蹲下來或面向他（水平視線使雙方具安全感），別太快有「先入為主」的假設（破壞之前建立的良好環境氣氛），嘗試用一致的方式、好奇的心情，開啟溝通！（語氣平和、緩緩道出。）

- 第三步：想像自己正一步一步地靠近彼此的心情與需求，並不斷確認和回饋自己所見所聞。（不要提供解決方法，慢慢引導學生自己解決問題。）

可能很多老師覺得這樣很花時間，但能改變一個學生的責任心、建立一個班級的良好學習態度、建立關懷的師生關係，何樂不為？在這冷漠的社會氣圍，圍爐取暖不正是「非零和博弈」的宗旨嗎？

異質分組討論　鼓勵學生互相學習

推行翻轉教學後，騰出了課堂時間，需要重新設計課堂，為了增加同學對中史科的興趣，我在課堂活動舉行問答比賽和小組討論，並要求他們按座位分組，合作答問題，互相幫忙。但有些同學對此很反感。

一般的「小組討論」分組安排

19	20	21	22	23	24
13	14	15	16	17	18
7	8	9	10	11	12
1	2	3	4	5	6

　　這樣的分組只是將就、快捷，難以鼓勵同學們整體的學習動機。要同學之間互相幫助，更是難上加難。

　　我和你既不是兄弟、又不是閨蜜！你有你的空間、我有我的座位，我與你不可逾越「楚河漢界」，大家「涇渭分明」。香港社會到處充滿競爭、自我保護，合作被視為異想天開！

　　「同學之間是競爭的！他的成績比我高，就能選修更好的科目」。

　　「教會了他，那不就增加一個對手！」

　　「我那麼笨，他會有那麼好心幫我？」

　　「我們這些中游的，不求聞達於諸侯！」

　　「媽媽說，『教會徒弟，餓死師傅』，所以我一定會留一手。」

　　香港考試制度下，以成績論「英雄」，其他人生價值觀及個人能力都慢慢變得不那麼重要，學校教室就是一縮影。難道不能換另一角度？

　　於是，我想到將學生按「異質」分組，按成績把全班分成三大類（盡可能平分各組人數）：假設全班有二十四人，最高分六位同學扮演「丞相●」，每次答中問題得分可乘一倍；最

低分六位同學扮演「太子　」，每次答中問題得分可乘四倍；中游的十二位同學，其中六位扮演「將軍●」，每次答中問題得分可乘三倍，另外六位扮演「財相●」，每次答中問題得分可乘兩倍。按這個方法分組，每一組都會各自有一位丞相、一位太子、一位將軍和一位財相，如下圖：

19	20		21	22		23	24
13	14		15	16		17	18
7	8		9	10		11	12
1	2		3	4		5	6

　　這樣的「異質」分組法參考台灣「學思達」的教學分組方法。運作方式如下：

　　1. 老師在每個循環需抽籤，先由各組的「太子」報告小組討論結果。在老師抽籤前，各組的「丞相」必須按照問題教懂「太子」、「將軍」及「財相」。（老師需按問題的深淺和學生能力提供足夠時間，否則欲速則不達。）

　　2. 老師可以在每組的「太子」之間追問，以鼓勵各組推動自己組的「太子」為各組爭取分數。如果「太子」不能解答，就允許各組的「將軍」補答，也鼓勵各組的「丞相」、「財相」教懂「將軍」為自己組搶分。

　　3. 如果「將軍」不能解答，就允許各組的「財相」搶答；最後也鼓勵各組的「丞相」搶答，為自己組搶分。

注意事項：

1. 以校內大型測考的成績為分組參考，按班內人數分組，每四人一組，需要分多少組，就需要多少位「丞相」、「太子」、「將軍」和「財相」；例如全班分五組，就需要五位「丞相」、五位「太子」、五位「將軍」和五位「財相」。

2. 各「太子」通過「猜拳」分先後次序，選擇心儀的「丞相」輔助；「財相」、「將軍」也分批自由地選擇喜愛的「太子」與「丞相」組。這樣既達到互相輔助學習的目的，也可滿足千禧代的自由選擇權，避免造成老師硬塞的印象。

3. 每一循環必須抽籤，期望每一組的同學都有準備。

4. 每一節課的各組得分需明確寫在矚目的地方，鼓勵各組力爭上游，形成團隊競爭。

5. 盡可能鼓勵「太子」、「將軍」作答，提升他們的學習能力，縮減學習差異。

6. 通過倍數的差異，鼓勵組內的「丞相」和「財相」盡力教懂「太子」與「將軍」，使小組取得更高分數。

7. 建議每次在統測、考試後，重新分配組內角色，以鼓勵往上流、更有「下車制」，使學生明白現實的競爭。

8. 該分數必須計算在學生學期成績，佔相當比例，否則難以鼓勵學生。

上述的異質分組運作模式由惡性競爭變為良性競爭、互相扶持；既減少學習差異，又提升學習動機。同學們既是同行者，又在競爭中提升個人實力，全班呈現著「非零和博弈」的學習現場。這正是翻轉教學的重要特色之一！

改變教學心態　平等尊重每位學生

　　韓愈在《師說》中指出老師是「傳道、授業、解惑」之人，孔子也為老師制訂了「萬世師表」的形象，中國千百年來，老師一直高高地站在講壇上；相反在《聖經》裏，卻有耶穌為十二門徒洗腳的記錄，難道老師們必須效法耶穌般為學生紆尊降貴，甚至像耶穌一樣為猶大（比喻令人放棄的學生）洗腳（教學）？

　　老師們都是十載寒窗、加倍努力而成為專業人士，面對眼前一班學生，充滿千禧代的特質：自我、聰明、反叛、敏銳等等，老師們還能像當年的教室（師生的位置）這麼近，（心靈之間卻）那麼遠，一副保持距離、高高在上的模樣嗎？

　　其實學生入世未深，往往容易衝動行事，造成師生之間誤會、嫌隙，甚至對立。翻轉教學就是想打破這種局面，帶來全新的教學模式：

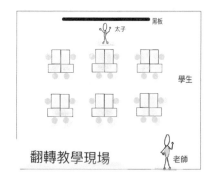

　　1. 老師不能像以前那樣永遠站在黑板前講課，佔據整節課

的所有時間。翻轉後，黑板前的位置留給每一組發言的同學，老師像聽眾一樣退居後排座位，或像節目主持人一樣不斷介紹、追問同學。

2. 當各小組進行討論時，老師盡量與組員們保持水平視線，以免同學因老師站立而需仰視老師，造成脖子長時間仰望而無心參與討論。老師此時可以蹲下來，令師生處於平等的狀態下互相溝通。

3. 老師的語氣保持一致，語調溫和，以童心發問及引導。

4. 當學生不想分享時，老師常常會對學生說出答案、要求、道理等的要求式話語，學生久而久之更加不想參與分享，自我封閉。老師應仔細聆聽學生的想法，並關心學生不想分享的原因，多從學生角度出發，建立友好的師生關係。

翻轉教學現場是以行動實踐愛，如同耶穌治病救人、以愛影響別人的生命。「翻轉教學」只是重拾人與人之間的愛，彼此愛人如己，不論身份、地位、學識或財富。

翻轉激發學生潛能

根據網絡平台的數據分析預習題目的表現，加強同學的基礎知識。接著按「鷹架式」將甲午戰爭的起因、經過、結果，通過文本或影片讓學生分類成歷史持份者的所為或時序圖兩部分「腦圖」(mind map)。通過異質分組，讓各組勾畫各自的認知，競爭表達，然後在組內同學們互相取長補短、修正後，對甲午戰爭的始末已清晰了解。老師在該節幫助同學們釐清戰爭經過，準備下一節深入探討。

第二節時，各組同學根據上節的 mind map，討論找出清朝甲午戰爭失敗的各種原因及輕重緩急次序，再請各組報告及說明選擇的理據，然後要求各組將「李鴻章」放入各種失敗原因中，按照課題的分析及描繪個別小組報告。老師對一些史事的加以提問或引導。同學們再次聽取報告報告精華，對日後的評估已胸有成竹。

課後評估　學生也拍片？

但課後評估怎麼做呢？設計關鍵是學生多做、互動、動手做、小組協作的是學生們

具體的翻轉課堂

翻轉教學，使我有更多空間重新設計教學。因為以前講授的時間，已改為學生預習觀看影片代替；上課也通過「異質分組」來進行小組討論，減少了學生之間的差異；老師作總結提點。

讓我舉學例說明一下實際怎樣運作，以「有言李鴻章要為甲午戰爭的失敗負上主要責任。你同意嗎？試運用所學，加以析論。」為例，面對這種對比較、評鑑能力要求較高的歷史課題，同學們往往無從入手、或誤判為簡答題，甚至是誤認是否同意題。結果鎩羽而歸。在翻轉教學的設計上，首先讓同學們在上課前一星期或以上於網絡平台做預習。

充足的預習時間可讓同學們反覆做練習，爭取個人的「高預習題目分數」，而我只計算最高分那次、增強了學生們自信心與「螺旋式」鞏固基礎。這樣在「異質分組」時，同學們均已對課題有一定程度的認識，具備競爭力。

至於在課堂的第一節，由於同學們已預習，老師可

樂此不疲地想超越自我：自編、自導、自演。

一般課後評估往在翻轉教學可按實際情況（如學生能力、學習動機）調整，略分為習作簿、工作紙。但由於學生已預先投放時間在預習，課堂上也深度討論，如果課後再做文本作業，負擔較吃力或抗拒感較大。所以我安排在一星期內以小組（不超過三人）或個人為單位，把已學習完的歷史課題（專題史為主），按照題目（老師給予的評論題）拍攝五分鐘內的短片。同學們可根據小組討論的多節的結果，或加上課後搜集的其他資料拍攝短片，可用手機簡單拍攝，也可使用免費 App 拍攝及後製。然後把這些短片自行上載在 LMS 平台或 YouTube，讓其他組別或個人評分（佔該作業百分之五十），而老師最後評分（也佔該作業百分之五十）。學生們紛紛拉攏實力強的同學加盟，或自己獨立創作。在沒有標準答案的情況下，同學們各出奇謀：有的以紙筆一邊解說、一邊繪畫腦圖；有的親身上陣對著鏡頭，在黑板上分析題目；有的以平板電腦下載 App，像老師一樣解說題目。

他們紛紛等到最後限期才上載，又很關心其他同學的評語和評分，對老師的評分火眼金睛地關注。同學們的短片既增強搜集及分析史料的能力，又增強辨真偽的能力；集思廣益之餘，又吸取他人之長。一學年後，學生們的各方面能力大幅提升。

這種評估方式有別於以前個人獨自完成的紙本，既擺脫孤軍奮戰的場面，同學之間又能互相協助，減少學習差異，共同提升。而且紙本容易破損，放在網絡可以隨時溫故知新，方便同學在考試前溫習。更重要的是發展共享文化，讓大家一起提升學習能力，鞏固人際關係。

主動地投入，不會昏昏欲睡。學生已擺脫上堂睡覺與神遊，寡言少語已被融化，課堂時間大部分是學生討論、表達、爭執理據的時候；老師退居課室後面，不時提出對學生報告內容的疑問，引導學生尋找答案。因為翻轉，大家與洗手間暫時「絕緣」，時而靜心聽別人發言，時而爭先恐後地發言來爭取分數，過去沉悶的課堂已變成熱鬧、積極求學的場面。

學生回應

記得中二那年測考，大部分同學的成績相當慘烈，大家都心灰意冷。因為過去的考題還有選擇題、填充題、是非題，讓我們有機會得到一定分數，但那次只有資料題、問答題，結果慘不忍睹。當老師與我們分析題目時，發現相當部分歷史基礎知識都曾在預習中出現。很多同學只顧著爭取預習題目的分數，忽略了短片的重要性。從此以後，我們不敢掉以輕心：既要爭取預習的高分數，也要好好掌握短片裏的知識點及脈絡聯繫，鞏固學習基礎。只有經過自己的思考和練習，才能穩穩地記憶，根本沒有捷徑！

另外，我們對資料題的分析也相當薄弱，以前只顧在資料中找答案，忽視題目的關鍵詞及方向。經過小組討論，發現組員之間其實會發現原本方法的偏失，但大家為了顧全同學的面子或想不勞而獲，甚至互相推諉而錯失良機，結果自食其果。大家在組內（不分角色差異）及全班討論後，在老師的指導下調整小組討論的策略，較能把握重點、合作討論。因為我們想更強壯！

我認為分出「太子」、「丞相」等角色，這個分組方法很好！大家都知道自己在小組的能力是怎樣，而肯為了自己組的分數而

努力上課，這個方法我覺得可以一直保持下去。另外做預習課方面，可能要給一些罰則，同學們才會肯做（但不是罰留堂），可能是抄寫那預習的題目與答案，然後一直加倍上去抄。

——關同學

因為只要我們有備課，老師上堂就能夠深入地分析題目；但有的同學沒有像我這樣認真地預習，因此他們上堂根本不能很快地進入小組討論。備課能夠令到上堂不用浪費時間，善用更多時間去分析、討論題目。

——余同學

我認為 Schoology 對我來說是很好的程式，幫忙我理解更多中史知識。考試前，可以在 Schoology 溫習考試範圍重點；做功課時，資料也可以在裏面找到。而且預習問題不太難，容易答。

——周同學

在預習方面，填寫詞彙和多項選擇題，我們做的意慾會高於以開放題題目形式，而且前者對記憶方面好像會好一點。

在課堂方面，小組討論其實有效令全部同學都參與課堂，我也是透過這個模式，見到自己與不同同學的差異，而且從其他同學身上了解自己不足而去改善，適當的競爭會令同學更積極學習。另外用「mind map」App 去組織意見能有效地了解某個題目和課題；有時如果想法太多，mind map 可以簡化我的思路，表達得更清晰。

——黎同學

推廣翻轉教學

當初決定推行翻轉教學，鼓起勇氣，與台灣開放教室的各位老師們聯絡，幸好他們接納這個翻轉「初哥」，並建立聯繫。後來結識夏志雄老師，加入「香港翻轉教學協會」，再得到各位幹事老師的鼎力協助，終於順利籌備了兩次為期五、六天的「台灣觀課交流團」。雖然行程緊密，每天分上、下午各觀摩一位老師授課，但大家都樂此不疲，精神奕奕，晚上又趕車，比在香港上班還要忙。吃飯時間或空餘時，大家都在聊觀摩心得和教學交流，整個行程收穫滿滿！

我們互相嘲笑：這群傻老師不但放棄假期，還自掏腰包，付昂貴的旅費，甚至找其他同事或同行朋友（或夫妻）一起來墮入「陷阱」，全因大家都想在香港推行翻轉教學和吸收更多別人的經驗。這份熱誠，成為彼此鼓勵的源泉，我心中感到無比溫暖。在翻轉的路上，我們並不孤單。

6

學生可以選擇的課堂

梁靜鑾老師

二〇三六年，十八年後，你會在哪裏？你會在做些甚麼？若你是資深一點的老師，你可能已經退休了吧。我應該還未退休。 我現在的教學模式和工作每天都在轉變，我更不能想像二〇三六年時，我將會面對甚麼類型的學生。 當然，二〇三六年大學畢業的同學，也不會想像到自己會面對甚麼的工作。

我如何走上「翻轉」之路？

迎接二十一世紀的趨勢

你以為二○三六年是很遙遠的未來嗎？不。二○三六年畢業的同學，就是你今天教授的小學一年級生。

其實「未來」，並不遠矣。

十年前，你也未必想像到 YouTuber 會成為一種全職職業；你未必想像到自己的學生家長可能是 Uber 司機；而有運動天分的同學不用只成為運動老師，還能申請成為 Google Trekker。

世界經濟論壇報告指出，現時最常引用的數據都認為，六成五現正就讀小學的學生，將來畢業時會面對著從未出現的工

種或工作。

　　即是說，我們現在若如以往一般準備學生成為醫生、律師、老師、會計師、文員、售貨員、侍應等現有的工種，有一半以上的學生，將會手足無措。因為有一半以上的學生會面對以前從未出現的工作，甚至他們需要「發明」、「創造」自己的工作。

　　亦有估計指出，在二十一世紀完結前，七成的工作將會被電腦化。那代表甚麼？看看這例子你便會明白。我剛到了新加坡出席了一個論壇。在回程的時候，在樟宜機場的四號客運大樓，你不會看到航空公司的職員坐在櫃檯後處理旅客的登機事宜，你也不會見到長長的排隊等候人龍，取而代之的是一部部自助登機儀器和為旅客解決問題的機場職員。現在不再需要在航空公司的櫃檯前排隊等候職員人手辦理登機手續，你只要出發前在網上辦理好登機手續，到機場時打印登機證，再把行李送到後面的自助行李帶就可以了。

　　在上機前，不會再有地勤職員行到你身邊檢查你的登機證。你只需要行到機器前，掃描你的登機證，再讓機器拍下照片，你就可以登機了。自動化機場已不是甚麼新鮮事，最重要的啟示是，當中我遇到的職員，都是提供協助、解決問題的人。他們需要的技能，不再只是專業範疇的技術與知識。反之，他們需要非常強的溝通和解難的能力。這正正就是我們常掛在口邊的二十一世紀所需的能力了。

　　你可能會認為，只有非專業性、重複性的工種如收銀員等會被電腦化取代，但你可有想過，外科醫生也有可能會被精密的機械手臂取代；專業的律師批改文件，也不及人工智能準

確？ 這不是假設，這些都正在慢慢地發生。所以在這個科技愈來愈發達的年代，世界每天都在變。我們作為老師的，還能一成不變的去教育我們下一代嗎？

一百年前的班房，和我們今天走進的班房還是一模一樣。在一百年前的工業時代，學校是培訓工廠工人的地方，學校要培訓出一式一樣的員工，令他們聽從指令，做出一模一樣的事情。這樣，就可以保證在工廠生產線上不會出錯，能大規模的生產。但我們現在的教育，是要培訓工廠工人嗎？如果不是，為甚麼我們的班房和一百年前依舊一樣？為甚麼我們的教學法還是一成不變？

究竟，學生們要甚麼技能才能迎接他們的未來？就讓我分享一下我的故事，之後再談談究竟我們要怎樣迎接未來的教學趨勢。

翻轉教學是噱頭？

我自四年前開始翻轉我的課堂，也同時開始分享我的教學，因此接觸到不同老師。

我曾在分享會上遇上一位老師。她所任教的是一所 Band 1、成績是區內數一數二的學校，大部分學生都有很高的學習動機及自學能力。

有一次她約我見面，想認識多一點翻轉教學。因為她需要在她的碩士課程中交一份關於翻轉教學的功課。我當然二話不說就答應幫忙了。我們相約一起午餐，但我想不到這位老師跟我說的第一句話竟然是：「我不相信翻轉教學，我跟我的教授

研究，我們都不相信翻轉教學。」

甚麼？若你不相信翻轉教學，你找我談甚麼、問甚麼？你為甚麼要寫這一個課題？是因為現在流行翻轉教學，所以你就要「貪新鮮」、「湊熱鬧」寫一寫嗎？那一刻我是多麼的愕然，還有一點莫名的憤怒。

但是，當然我沒有顯示出我的不滿。我笑一笑，問了一句：「為甚麼你不相信翻轉教學？」她蠻自信的回答：「我的課堂好像沒有這需要。」

那一刻我明白了。

試想像她每天面對的學生，就不難理解為甚麼她說她沒有翻轉的需要。學生們都是學習動機非常高的，大部分都是區內成績出類拔萃的學生，他們不用擔心公開考試的及格率，他們擔心的是上哪間大學。所以，老師每天站在黑板前授課，學生們都會專心聽、專心學習的。就算不聽，你都可能在下課後，到各大補習社、圖書館自修室內找到他們的蹤影。

如果你認為沒需要，那就沒需要呀。為甚麼要勉強為了試用新的教學法而試、而學？「為做而做」，我從來都不贊成。即使我擅長使用科技教學，我都不是無時無刻都只有科技。

但最意想不到的，是接下來的對話。

我接著跟她分享：「那你的學生一定很用功、專心上課。我的學生可不是這樣。班內的學習差異太大、學習動機也有強弱之分。若要學生聽我講課八十分鐘，他們沒可能專注這麼久。所以我才開始翻轉我的教學。」

她竟然說：「不是呀。我也面對著同樣的問題呀。有些學生也不聽我的，我也不知道怎麼辦。」

天呀！這不就是問題所在嗎？這不就是大部分老師開始翻轉的原因嗎？正正就是因為這種教學模式不太適合了，所以才要改變！

當我以為她是不需要翻轉教學，才這麼抗拒。

原來她不是不需要，她是沒有認清自己有這需要。

最重要的是，她沒有認清學生的需要。

她是一位成績很出眾，本科知識也很強的老師。所以，要在班房內把自己的知識傳授給學生，是最直接的事情。

但要在現今世代要學習新知識，其實我們不用一位老師。你隨便上一上 Google、YouTube，你想學的、想知的都能找到。互聯網比老師快、比老師懂的都多。若老師只是傳授知識的人，老師這個職業不用十年就會被電腦取代了。若學生只需要學習知識，他們留在家中上網就可以了。現在網上學習平台如天上繁星：Khan Academy、Coursera、Udemy、均一平台等等，就算要在互聯網上上一課自己老師親自教授的課也不難。我可以把自己的教學片段上載；也會用 Zoom（網上會議工具）和學生補課。他們在家可以上課，在外地旅行也可以上課。

既然不用一定在學校才能吸取知識，那為甚麼學生還要回學校上課？我們作為老師能找到原因，讓學生必然來上你的一課嗎？有甚麼事情老師可以在課堂做，會令學生不能不回校上你的課嗎？

這才是現在老師需要做的事情。

這也是為甚麼我需要翻轉我的課堂。

因為我看到這個需要。

因為我不想被互聯網取代。

因為我希望找到一個學生不能不回校上課的原因。

因為我希望學生繼續喜歡學習、喜歡上課。

我的怪獸學生

所有會翻轉教學的老師，都會有他的原因。

三年前，開始翻課後的一年，我遇上一班非常「怪獸」的學生。他們的差異大得不能想像。全級最高分和最低分的學生都在同一班之內。在第一個學期，我想我跟大部分老師一樣，都用盡了我懂的教學活動去授課。可惜，不聽書、不做活動的學生，有一半以上；不備課、不做功課的，也如是。可以獎、可以罰的都做過。我不知道還可以做些甚麼。

在第一學期完結的時候，我跟自己說：「我要放棄了。為甚麼要這麼辛苦自己？我做了這麼多他們都不領情！還要每天看著他們不願上課的樣子！反正我每天走到班房，把書教完，學校也會『出糧』的。就放棄他們吧！下年又是新的一班！寄望下一年的學生會乖一點！」

但氣憤完，我還是反思了一下：「為甚麼他們會這樣？我那裏做錯了嗎？但我明明都跟著師訓課程所學的去做了。為甚麼我的課堂會變得這麼糟糕？」

其實，我的學生都不是壞學生。他們只是不喜歡上課。我深信所有學生表面的問題，背後一定有原因。所以我更應找出他們不喜歡上課的原因。

所以，我在課堂問了他們一個問題：「為甚麼你們這麼討

厭我？為甚麼你們不喜歡我的課？」他們很誠懇的回答：「我們沒有討厭你呀！我們每一課都是這樣的。在其他課堂，我們表現更差。」雖然我不應該為此而感到高興，但至少我鬆了一口氣。他們的答案，令我更想知道為甚麼他們不喜歡上課。

我開始回顧課堂上同學們之間和我的互動。慢慢地，我發現到問題所在。

這是我反思後所歸納的不同原因。 學生失去學習動機，就讓我們一起看看其中三個最大的原因！

1. 能力差異（*learning ability*）

班上同時有全級最高分和最低分的學生，若我要遷就能力較高的學生，教授較深的內容的話，能力較弱的同學就不明白了；相反，若我遷就能力較低的學生，把內容變淺，能力高的學生就覺得悶了。無論是太深或太淺，課程不合程度，都會令

學生失去學習的興趣。太淺，都懂了，為甚麼要聽？ 太深，反正都不懂，聽了有甚麼用？

　　但一直以來，我照顧學習差異的方法只有編寫不同程度、不同內容的教材。實際上，你能在同一課堂、同一時間裏，使用不同程度的教材嗎？如果不能，那份教材就不能發揮其作用。而且除了教材，我以前都沒有在課堂的活動設計上，做到甚麼去照顧學習差異。所以，即使設計了不同程度的教材，只是好像「做咗啲嘢」、「交咗功課」，並不是真正的照顧到學習差異。所以，我要想辦法令大家在同一空間內，可以上個人化的課堂。

2. 學習類型 (*learning style*)

　　或許你不相信照顧不同學習類型的學生會改善教與學；或許，只是你工作繁重，沒有空間讓你考慮這點，但我相信若課堂有不同類型的活動，我可以照顧更多學生的需要，令他們更喜歡上課。

　　我正是這麼一類學生。我喜歡文字，但我更需要以圖像、音樂、語音，或活動實踐去把資訊吸收，然後學習。若要我聽一節三小時的課，只對著文字，只聽演說，我想不到四十分鐘，我便會如坐針氈。我是成人，我能控制自己在課堂的表現，即使我不願聽，我也不會「搗亂」，但青少年不一樣。所以，當我看到我的學生在課堂失去專注力、開始搗蛋，我不怪他們，因為這代表我說得太多，沒有照顧到他們的需要了。

　　而且，有一點我們不能不承認（即使我們不喜歡），我們正身處在充滿圖像 (*visuals*) 的世界。今年面試來年升讀中一

級的學生時，我問其中一位來面試女生有沒有用 Facebook。她尷尬說沒有，Facebook 文字太多了，她說只有自己的 YouTube Channel、Instagram 和 Snapchat。無論你多不喜歡，這就是我們的學生。當圖像是他們的語言，我們會否可以在教學上，除了運用文字外，還使用他們熟悉的語言跟他們溝通？所以，針對這點，我在設計活動上要照顧不同學習類型。

3. 學生的選擇

有一天，我給我中一的學生分發一份 project──請同學們設計一份桌上遊戲（board game），去展示他們學習英文文法其中一課的成果。大部分的同學都很興奮，我未指示完，他們已經準備好討論及設計。

但我有一位學生，反應很大。 他平時做任何事情，都會直接在他的座位大叫他的「口頭禪」──「我不想做」、「我不會做」、「我隨便做」等等的負面說話。 但其實他都只是說說而已，沒有特別意思。因為他說畢，就會把活動做好，而且還會做得不錯。大家都見怪不怪，由他了。

但這次對於他的回應，我耿耿於懷。

當我只說了想跟大家玩一個班內的分組比賽，還未說完他就大叫了：「為甚麼我要做？對我有甚麼好處？」

我把自己的想法告訴他：「要完成這份活動，是因為……」我都未把句子說完，他就立刻反駁：「是因為你想迫我們做功課！你有沒有問我想不想做。」那一刻，我非常慚愧！雖然其他同學叫我不要理他，而他之後也非常積極跟他的組員製作那一份桌遊功課。

　　但我不得不自我檢討：他說得沒錯！我知道我為甚麼要設計這樣的功課，但我真的沒有想過為甚麼我的學生要做這一份功課！在我一直的認知裏，在設計課堂活動時，從來沒有學到要設計給學生選擇的活動，也從沒有詢問他們意見。

　　你可能覺得這說法很瘋狂。老師每天都有數之不盡的工作，連備課都沒有時間了，你還叫我設計不同活動給學生選擇？對，聽似瘋狂。但我們作為教師、成年人，每天在香港社會享受著不同的自由與權利時，卻在課室內實行這麼獨裁的一套教學方法。老師說的你就要聽；老師吩咐的你就要做。因為我們是老師，就可以這麼霸道嗎？而且，既然我們不能每一天都帶著最好的狀態進入課室工作，我們也不應要求學生每一天都是百分百的模範生。我們要接納他們也有疲累、有心情低落的時候，讓他們做合適的事情。當然，學生們可能不清楚他們需要甚麼。作為老師的，也可以去幫他們認清需要、甚至創造需要（create need）。所以，我要設計有選擇的課堂，讓他們可以選擇最適合當下的教學活動。

4. 課堂上的學習差異（*differentiated instructions*）

　　由於我看到自己課堂的問題，我開始在自己的課堂內進行了一些教學的改革。我最迫切要改變的，是要令課堂照顧到班上學習的差異。

　　你可能在想，現在可以用的時間都不夠，資源亦不夠，怎樣改變？要一個課堂內用不同教材，怎樣處理？怎會有時間處理？不用直接教學，不要太多文字，我只是一位老師，怎樣在不同課堂做不同的活動又不直接教學？

　　對，我就是要解決這些問題！我們最終目的是要照顧學習差異，但這不是問題所在。根本的問題是我們沒有時間、沒有資源、沒有方法。所以我們要找方法、找資源、找時間，關鍵是：認清根本問題！

　　所以我選擇利用科技解決不夠時間、不夠資源的問題。電子教學在我來說從來都是解決教學問題的手段。而且，我要照顧的其實不只是學習差異。根據我個人經驗，會影響學生學習進度的，還包括學習類型和電腦素養。

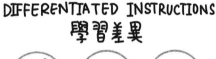

DIFFERENTIATED INSTRUCTIONS
學習差異

學習方法　　資訊科技素養　　學習能力

我的課堂三大因素

在我的課堂,我都會照顧學習差異、學習類型和電腦素養這三個因素。

學習差異

就讓我先分享一下我是怎樣處理我課堂中的學習差異:

1. 翻轉課堂

為了讓不同能力的學生可以按自己能力或速度去學習。因為翻轉課堂後,同學會在個人空間(individual space)去完成學習。他們可以隨時隨地學習、按自己的能力和需求,可以加速,也可以減慢。聰穎的同學可能聽較多時能聽一次、讀一次就明白了;但平時若需要較多時間消化學習內容的同學,就可按自己的需要慢慢學或把教材重複看,直至明白。

若果不翻轉,這些同學只能在課堂上聽老師講解,就未能調校學習速度,他們未能理解,就會使學習停滯不前;老師也不能重複講解或花更多的課後時間去幫助進度較慢的同學。但因為我翻轉了課堂,我就可以提供適合著不同能力的學生,他們可以選擇適合自己能力的教材,翻轉課堂便立刻解決了進度不一的問題。

當大家都在課前完成預習後,回到課室這個小組空間(group space)時,大家的基礎應是差不多了。那麼,老師便可以進行下一步的活動或作一些針對性的跟進教學。

2. 延伸教材

對於翻轉的教材,我通常不會只有一條影片。而且,我喜歡有選擇。若教材能提供核心和延伸兩個不同的部分,就能夠照顧不同能力的學生。

核心部分,是我要求學生完成的部分。我保證這部分是學生可以用一程回學校的車程時間完成的工作。而且,他們可以掌握重點,回校繼續活動。當他們完成核心部分,亦要完成一份非常短、通常只有五至六題問題的練習。

其實，只要做到這一部分就可以了。那為甚麼還要準備延伸部分呢？那是準備給能力較弱的學生「補底」，還是給能力較強的「拔尖」學生？都是。延伸部分是給有需要的學生，可能是他們覺得自己較弱，完成核心部分後仍然不太明白，需要更多例子去鞏固所學；或許是較強的學生，即使明白了，也希望再知多一點。

這都不是我的決定，而是學生的決定。以我的經驗，無論是強還是弱的學生，他們只要時間或空間許可，都會自覺地去學習，包括延伸部分。

我想，經過翻轉後我將養成學習的習慣了。擁有良好的學習習慣，比起考試取得一百分更重要。因為當他們有公開考試後，就不會再嘗試考試規範他們，但不等於他們應該停止學習。所以，讓學生學會學習、愛上學習，比起懂得考試更重要。

3.Station Game

每年，我任教的學校都會進行一次觀課。剛成為老師那一年的觀課，我設計了一課教授英文法的活動，重點是課堂互動。

我把班內二十五位學生分為五組比賽，設計了七個練習，每組要以最快時間完成這七個練習印。我把練習印在紙張上，放在信封內，然後我把這七個信封放置在課室的不同角落，讓同學走動一下，增加比賽的氣氛。

但最後，整個課堂都不在我預計之內。學生太聰明了。他們一組每一個學生各自在不同的信封拿取練習工作紙，每人做一個練習。最後，課室內鴉雀無聲，甚麼互動都沒有。四十分鐘就這樣過去。這次是最失敗的觀課！

在觀課後的檢討會，副校長指出了課堂的數個問題：

1. 學生之間完全沒有互動。

2. 學生各自做不同的練習，代表有些學生會忽略一些練習。

3. 每一組的人數較大，未能讓所有學生參與其中。

學習，是從失敗之中發生的。經歷這觀課後，我沒有把這失敗的一課擱置。我努力去想，我應該怎樣才可解決副校長所提及的問題呢？

適逢我參加一節教育局舉辦的工作坊。一位數學

老師分享他怎樣利用二維碼（QR code）分發練習給他的學生，減低大量印刷工作紙。我靈機一觸，「我可以用 QR code 代替放在信封的紙本練習呢！」自此之後，我開始認真重新計劃造一課！

要把練習變成二維碼絕不困難，只要有網址就可以了。最後我選擇了用 WordPress 這網誌平台發佈我的練習。做法非常簡單，你可以把練習的內容直接以文字輸入到網誌中（記緊要引用出處）；或者較簡單的，複製網上的資源直接貼到網誌中（記緊要引用出處）；或最簡單的，把紙本練習拍照上載。當你發佈了這篇網誌後，便會出現一個網址。然後，只要找一個免費的二維碼生產器（QR code generator），把網址貼上，就能產生一個 QR code 了。之後，我把這些 QR code 打印出來，貼在課室的不同角落。

我亦不再把學生分成四或五人一組。我決定以二人一組的方式去進行活動。每一組給予一部平板電腦來掃描 QR code 和閱讀練習問題。雖然我常常使用科技來教學，但我不完全排斥紙與筆。所以，學生依然要把練習答案寫在答案紙上。這樣處理也可以解決學校沒有足夠平板電腦提供給學生的問題。

至於分組的方法，取決於練習的作用或深淺程度。若課題艱深，即使看完翻轉的影片或教材，較弱的學生都未能完全掌握，我會使用異質分組方法；若是夠簡單直接或是複習練習，我會讓他們自己選擇和差不多能力的朋友一起去完成作業。當然，我兩種方法平均使用，所以學習要習慣有些時候不是跟最要好的朋友一起工作。而且，我確保全班懂得互相尊重和照顧，這是我對學生最嚴謹的要求。所以即使班內比較不受歡迎的學生，他們都會有不同的同學照顧他們，不至被排斥。

好，分組解決了，信封的問題也解決了！那麼，練習內容呢？實際課堂又要怎樣進行？

首先，我會把這課堂變成一個比賽。每一個練習會有一個分數，連繫著 Classcraft 的計分制度。最基本的第一個練習是五十至一百分（視乎練習的深淺度和難量）；然後每升一級的練習的分數是加倍的。在限時之內，完成練習，分數便會被加到 Classcraft。

每一次的 Station Game 設計都有點不一樣，但基本我都會準備七至十個練習。我參考布魯姆分類學

（Bloom's Taxonomy）來設計這一系列的練習，把這些練習分為三個組別：

1. 基礎組

- A. 第一至三個練習是要處理 Bloom's taxonomy 最基礎的兩個目的：i. 讓學生記得、ii. 讓學生理解
- B. 它們都是較重複性 (repetitive)、較直接 (direct)、較資訊性 (factual) 的、較沒有情境 (non-contextualised) 的
- C. 題目類型可以是填充、選擇題或是較多提示的練習。作用是要協作學生掌握知識。
- D. 只是學生學習完翻轉了的教材，應該是可以應付這三個練習。

2. 進階組

- A. 接下來第四至六個的練習，是要針對 Bloom's taxonomy 的應用目的。
- B. 它們主要是情境應用題，學生不能搬字過紙地完成練習，必須根據學習到的知識，加以思考來回答題目。
- C. 題目類型依然可以是填充題或選擇題，甚至加上一些短答題，但相對第一至三個練習就沒有那麼多提示。而且，學生必須明白、理解課堂的學習目標才可以完成，作用是要讓學生獲得知識轉移的能力。

3. 高階組

- A. 顧名思義，最後第七至十個練習應該是最高難度、最有挑戰性的。它們要處理的，是 Bloom's taxonomy 最高三層的技能，包括分析、評估及創造。
- B. 題目應要求更多比較與分析，甚至是要創作的、這些練習要求較高階的思維或更多的創意。
- C. 學生需要完全使用自己的文字，表達自己的看法。

就這樣看，都是 Bloom's taxonomy，沒有甚麼特別，但最特別之處是：學生不用完成所有練習，而且，每一位學生都可以根據自己的能力或興趣去選擇完成哪些練習。例如能力較弱、看完翻轉教材亦未完全明白的學生，多數會從基礎練習一至三開始；而能

力較強的學生，多數會選擇挑戰較難的題目。但，這是
固定的模式嗎？較弱的學生要做基礎題，較強的學生就
做挑戰題嗎？絕對不是。這活動的設計目的是要讓學生
能自主學習，所以他們可以自行選擇做哪些題目，我不
干預。我只會在每一次開始前跟學生說明清楚：「只要
你有信心能掌握所學，你就可以決定做多少練習或哪一
個練習！」所以較弱的學生想觀自己時，也可以做挑
戰題，若他們不懂，我就會在他們的身邊親自教授；但
同學，較強的學生可能為了爭取多一點的 Classcraft 分
數而把全部基礎練習都完成，或他們當天狀態不好，只
想做基礎題，都沒有問題。總之，全由學生自己決定。

你可能會認為，學生怎會清楚自己的能力？懶惰的學
生不做練習怎麼辦？

但我這三年內，我未通過一位不做練習或不清楚
自己能力的同學。每一年的上學期，或許是 Classcraft
或比賽等這些外在動機 (extrinsic motivation) 去推動
他們工作；但通常在下學期的時候，他們就能養成習
慣。學生亦會看到自己學習成果，從而轉化成內在動機
(intrinsic motivatipn)。即使我不作任何比賽，沒有觀

課，他們都會自動自覺參與活動、做練習學習。我亦
相信，除了是因為養成習慣外，還因為這樣的活動給予
學生選擇、自由、彈性及尊重，真正把學習機會歸還
給學生；而課堂，也不再是老師的表演時間。

不同學習類型

1. 不同學習類型

要處理不同學習類型學生最簡單的方法，就是給學
生不同類型的教材。但沒有電子平台或工具，是很難實
現的。

這是我其中一項的過程作例子。有一些部分是比
較資訊性的 (factual)，例如文體結構等，適合學生在
個人空間學習。所以，這部分十分便壁翻轉教學了。但為
了讓同學有不同類型的選擇，教材可以這樣準備：

- 第一項：可以先準備純文字版的簡報，若喜歡閱
讀文字的同學，可以選擇這項。

- 第二項：當你有了純文字版的簡報，其實將簡報變
成影片並不困難，坊間都有很多工具都可以將把

183

電腦畫面錄影，所以喜歡段聽或看影片的學生，便可以選擇這項。

第三項：若時間許可，準備一個較多指導的活動簡報，例如使用 Nearpod 製作的教學。

這三項教材最終的目的是一樣的，只要學生完成其中一項，都能掌握最重要的概念，所以他們不用把三項都看一次，而且他們可以因應課間和學習環境選擇適合自己的教材。

最後，我看有一份六至十條題目的練習，去測試預習的成果。基於學生的回答，我可以調較接下來課堂的活動及深淺程度。

當然，老師最大的考慮是備課的時間。我也不是每一個課堂都有這樣的準備。但當你開始製作教材、慢慢地你便會儲存很多不同教材，下一個學年又可以使用了。這的教材是要花時間去累積的，但要先，你要踏出第一步去開始！

2. 不同類型的評估方法

在剛剛過去的農曆新年，我參加了一個美國交流團，到訪一間小學。我們參觀了五年級的一節課。學生正在分組進行一份關於美國名人的研習課題。他們各自搜集及處理資料。其中兩位學生吸引起我的注意。

他們都是在處理自己搜集關於名人的資料，但我看真一點，發現他們的步伐並不一致。我再仔細看，噢，為甚麼一位學生在用文件處理的工具（Google doc），另一位則用報告用的工具（Google slide）呢？然後，一連串的問題在我腦海中浮現：

- 1. 老師沒有統一規範他們用甚麼形式做功課嗎？
- 2. 如果大家用不同的工具、不同的方法來交習作，老師怎樣以相同的評分準則來評估學習呢？
- 3. 若大家用不同的方法來做習作、字數不一、不是不公平嗎？

但一秒後，我再回答自己，這些重要？

1. 若那份功課的目標重點是找找資料的技巧的過程，怎樣紀錄，有很大的影響嗎？
2. 評分標準一定要一式一樣內容？若重點不在文字表達、而是在內容，老師能設計一份持平但包容不同表達方式的評分準則嗎？

3. 若學習重點不再拘泥於公平、統一，而是讓學生真正運用技巧、配合個人特質，發揮能力，會否更能提升學習效能？

當我們常說要照顧學習差異，但最後還是提供一式一樣的習作、測驗和考試，這樣是永遠都照顧不到學習差異的。所以，在我的課堂裏，只要不是呈分的習作，我都容許學生選擇習作題目的方法。

就以我教授《快樂王子》(The Happy Prince) 的作者奧斯卡‧王爾德 (Oscar Wilde) 生平作例子。我的學生需要在 Google Earth 完成一個關於 Oscar Wilde 的 literature tour。他們要跟著 literature tour 內活動卡的指示，回答問題。但學生可以選擇用影片回答，或是用文字回答。無論他們怎樣回答，我也能清楚知道他們對作者的生平有多了解。這樣處理，學生便可以根據他們的喜好和能力有更多選擇。(課堂設計詳情可瀏覽網頁：http://bit.ly/JennyLiteatureTour)

電腦素養——混合模式 (mixed modes)

話說一次偶爾的課堂小測，讓我發現混合模式可以解決不同電腦素養的差異。

向來我校中一、中二級的學生都會利用 Schoology 來完成習作，同時也會利用 Schoology 來進行全級的小測。多數小測都會是十五分鐘可以完成的，系統會自動計時，所以即使學生們在不同時間登入、不同時間完成，他們都是各自有十五分鐘的回答時間。完成小測後，學生就不可以再作任何改動。當然，老師亦會在場確保沒有「出貓」的空間。

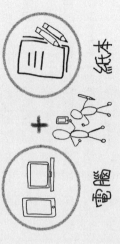

MIXED MODES 混合模式

電腦 + 紙本

185

那一天，是一節四十分鐘的課堂。因為我不想開一節新的教學，所以完成了四十五分鐘的小測後，我準備了額外紙本練習給學生們。這是一份較直接的複習練習，所以沒有跟之前翻轉課時一樣，特別設計不同程度的題目。若學生完成了 Schoology 小測，就可以繼續做紙本練習。

這節課一直都在我預計之內。較快完成 Schoology 的同學，快一點做紙本練習；較慢完成的同學，就慢一點開始。如預期一樣，一切都很正常，而且我亦預計有些學生會很快完成，必要時給他們數分鐘時間休息一下吧。但我在課堂完結前，發現了一樣十分驚喜的事情——我發現大家是在差不多時完成！

怎麼可能？明明我的班內有四組不同能力的學生，以考試成績來計，其中一組是八十九十分的、一組是六十至七十分的、一組是四十至五十分的、和一組是十至二十分的。所以照道理，他們是沒可能同一時間完成一樣的練習。那為甚麼大家在差不多時間完成呢？分別在哪裏？為甚麼較弱的同學都可以和能力較高的同學在差不多時間完成呢？

後來，我發現了，是電腦素養！

我留心過程發生甚麼事！為甚麼有上一課的小測，但原來他們不是課堂內最高分的學生，反而是較弱的學生！他們較早完成了電腦部分，就開始做紙本練習。根據推斷，他們應該可以快一點完成紙本練習，但原來他們要花比其他同學多一點時間，電腦部分做得慢一點的同學反而是較強的，而他們在紙本上做得比較快！所以最後他們在差不多的時間內完成 Schoology 的小測和紙本練習。這樣的發現很有趣，也幫我解決了在一個能力差異大的課堂內，有一些較強的同學做練習做得太快的問題。

我不敢說這是完美的解決方法，因為還有很多因素影響，包括練習及小測的深淺或長短程度、實際課堂的活動設計等，但我相信這是值得繼續探索的範疇，每位老師都能找到最能適合這個班的同學在、平衡的模式！

我現在的學生　我現在的課堂

那麼，我現在的課堂是怎樣？

最近我開放了我的課堂給同工來參觀，同工的回應都是正面的，但正面的讚賞不是給我的。他們不是讚我教得多好，因為在課堂內，我沒有「教」，也不會有太多講課時間；大部分時間，同學都是在做活動。所以大家驚訝的，是我學生的能力。參觀的同工都看到學生的學習能力，即使是我最好動、最調皮的一班。當然，我的教學設計還有很多改進的空間和可以作更好的嘗試，但我為學生能慢慢建立不同的學習能力和習慣感到驕傲！

現在，你還會認為翻轉課堂只是拍片嗎？不是，拍片只是其中一種方法。翻轉課堂的最終目的是要改變上一世紀留傳到現在的教學模式！

大家對 Bloom's taxonomy 不會陌生。但在翻轉教學的課堂中，Bloom's taxonomy 是這樣的：

你可以看到最重要的不是頂部或底部，而是中間的應用和分析能力

當你翻轉課堂後，記事和理解部分就不會再在課堂內發生。回到課堂，便可以直接參與活動，直接應用和分析所學。那麼，評估和創作不重要嗎？都重要，只是評估和創作需要有一定的學習基礎和能力才可有質素地發生。所以，從我教學設計的例子裏，應用和分析這兩部分就變成課堂主要的學習骨幹了。

或許你不認同科技對課堂或對學生的重要性，但我深信，

在二十一世紀培養學生善用科技和自學的能力，比只學習本科知識更為重要。

翻轉教學中布魯姆分類學
Bloom's Taxonomy Flipped

Create 創作
Evaluate 評估
Analyse 分析
Apply 應用
Understand 理解
Remember 記起

　　試想想，若你的同事跟你說他不懂用電郵，所以他不知道學校有甚麼活動，你感覺如何？不要笑！不要以為我在胡說！我真的遇過這樣的同事。難道這個世代，我們還要出備忘錄嗎？然後到考試入分的時候，若果你的同事跟你說不懂得用試算表，所以他不懂入分，給你一堆分紙，你又有甚麼感覺？你也當他開玩笑吧。那麼，你希望你的學生會成為這樣嗎？

　　電腦素養的需求愈來愈高。你可以培養一個擁有十優知識的學生。但考試過後的人生，還有其他的本領嗎？我們有輔助學生好好為未來而準備嗎？

　　我們作為教師，不用電子教學、不用創新教學，不至於會失去工作。我們還是可以準時「出糧」、準時放工。你不理會世界在轉變就是了。

　　但當有一天，我們突然發現世界真的不同了，我們會有足夠時間從零開始追趕進度，還是會被淘汰？

　　Before it's too late。你會一直拖延直至不得不改變，還是為未來好好準備？

翻轉教案 不難設計！

7

學生掌握自己學習的課堂

李智偉老師

曾聽過一句說話：「在現今科技日新月異及變幻是永恆的情況下，經驗之談往往會成為自己的最大敵人。」因此，以下我的分享並不單純是翻轉教學的經驗，更應說是我對自己有幸能嘗試翻轉的反思，大家互勉之。

我如何走上「翻轉」之路？

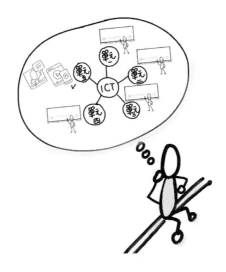

初嘗預習的滋味

作為學生或曾做過學生的你，應不會對「預習」陌生。學習若不只在學校教室裏發生，而是學生於上課前已掌握相關概念或知識，自然能在老師的教學課堂中有更穩固的理解。早於小學時，已被老師要求上課前自行預習，最深刻的是中文科老師要求我們於教新一課課文前需要先把內容看一遍，回校上課時便要回答老師的提問，答不到便要罰站至下課鐘聲響。結果每次均會有數位同學站立聽課，我也不幸時常成為其中一分子。那時候的預習是懷著恐懼的心去做的，當然是不情願，更不會明白預習的重要性。

　　而當上老師後，開始思考預習的意義：究竟預習的目的是甚麼？預習能否促進學習？不去預習的學生便是壞學生？我一直都在思考這些問題，直至認識了翻轉教學。

教育局推動

　　教育局於二○一五年八月出版的《第四個資訊科技教育策略報告》以「發揮 IT 潛能　釋放學習能量」為題，報告提及了是次策略將能為學生及教師帶來以下益處：

　　學生透過各種簡便易用的電子資源及網上服務，支援及引發他們的個人發展及學習興趣，讓他們成為具操守的資訊科技使用者和自主學習者，擁有更佳的解難能力和協作能力、計算思維、創意和創新，並能充分發揮他們的資訊科技潛能，有助發展從事相關職業的興趣。

　　教師將透過單一戶口，使用不同的電子教科書、電子評估工具、電子資源及網上平台。隨著採用嶄新教學策略，如「翻轉課堂」，教師可更善用課堂時間，配合學生的需要和興趣。而透過專業發展課程、學習社群和反思活動，教師可與同工分享知識，提升他們在電子學習教學法的造詣。

　　從上述的益處可見教育局鼓勵教師善用科技教學，其中列舉了「翻轉課堂」，也視之為嶄新教學策略，作為前線老師的我們豈能不嘗試去認識，甚至努力去實踐呢？

解卷及補課需要

在未遇上翻轉教學前，我很感恩從小到大大部分時間都遇上有耐性的老師，尤其在對卷時老師都不厭其煩地將考卷由頭到尾講解一次，甚至多於一次，盼望我們能從錯誤中學習，即便答對的題目也應知道為何能答對。

而自己成為老師後，其中令我感到掙扎的時候便是對卷的日子。在課室裏面對不同能力及不同學習需要的學生，有分數極高的學生，也有成績不理想的學生，在短短的課堂時間難以照顧所有學生的需要；加上學生傾向「對分」多於「對卷」的心態，要令他們在對卷的時候學懂從錯誤中學習，更是難上加難。有見及此，我忽發奇想，自行錄製了講解試卷的影片，放上學習管理平台，發放給學生觀看。這樣，學生也能因應自己的情況選擇所需觀看的影片。我認為這是讓我往後樂於做翻轉教學的第一步。

此外，我任教的學校校訓為體、仁、藝、智，除了重視學術及品格外，同樣著重學生於體育及藝術的發展。部分學生會有較多機會參與校外舉辦的比賽、例如各項學界運動比賽，甚至國際性的比賽如亞運會、東亞運動會等。他們還可能是香港青年代表隊的成員，每逢比賽高峰期便申請事假，由數天以至數星期不等，因而錯過了恒常的課堂。縱使學校已提供各種支援機制，如老師會擔任導師，為這些時常缺席課堂的體藝精英補課，跟進處理習作事宜。但這是否最有效的做法呢？每每需要老師和學生面對面才能學習嗎？相信最有耐性的老師也不情願重複講授數十次吧。假若事先將講授一些基本概念拍攝成影

片，放上學習管理平台供學生在家觀看教學影片，能力較弱的學生更可以重複播放，不是更有效嗎？

缺席學生不會錯過課堂

校方配合

幸運地，我任教的學校十分推動資訊科技教學，現時學校已全面運用 Google 平台（G Suite for Education），利用 Google 雲端硬碟、網頁來自行設計了學習管理平台。早於十年前，學校已禁止派發各式各樣的平台帳戶，取而代之的是單一登入戶口，在技術上將各樣平台的帳號統一。校方還利用 Google 網頁為各級各科設計了專頁，讓各科老師能輕易地擺放教學資源供學生參考。隨著設有穩定的無線網絡服務，自攜裝置計劃也適時推出，學生可以自行帶備自己的裝置回校，在適當的場境下使用。另外校方也購買了數十部 Chromebook 及平板電腦供師生借用，讓學生更快、更易運用資訊科技於學習上。

此外，資訊科技的運用需要配合校方的政策才能彰顯最大成效。自教育局全面推行電子學習後，無線網絡覆蓋香港大部分的中小學，有的學校一窩蜂去購置一大堆平板電腦，也有的學校急於推行自攜流動裝置（BYOD），硬件上早已準備就緒。

可惜的是，假若學校未有在學校政策層面上將教學模式及學生學習模式一併考慮的話，前線老師便無法將這些電子學習器材發揮最大功效。曾聽說有些學校為了以最快速度引入翻轉教學，盲目要求老師每學期拍攝數十段教學影片，老師的工作量固然大增，但如果校方沒有政策的配合，對於翻轉教學影片只重「量」而不重「質」的話，效果往往適得其反。

而我校以混合式學習模式（blended learning）去鼓勵學生自主學習（self-directed learning），即電子學習及面對面教學的混合模式，希望培養他們成為主動及投入的學生（active & engaged learners）。一方面學校 IT 組已於後台建設好上述提及的學習管理平台及流動裝置，一方面也重視課堂中老師能與學生有互動，這樣便不致偏重其中一方，讓學習成為最終目的。假若學校太強調科技本身，便會忽略了學習的成效，到頭來只會出現一間資訊科技資源豐富的學校，而不是培養出能夠自主學習的學生。

重量級學者的引導

我有幸在二〇一五年於香港大學就讀資訊科技教育碩士課程時，與丘琪鴻教授（Dr. Hew）一同探討翻轉教學的特色，他向我介紹了大衛‧麥瑞爾（M. David Merrill）的 First Principles of Instruction，說明有效的教學應具有以下元素：

- 1. 學生能投入於解決現實世界的問題。
- 2. 學生現有的知識是新知識的根基。
- 3. 老師能向學生展示或示範新的知識或技能。

4. 學生能夠應用所學的新知識去解決現有問題，甚至能解決將來出現的問題。

5. 學生能有機會去討論及分享其學到的新知識或新技能，並與現有知識進行整合。

聽畢教授講述看法後，我們便一起探討在本地學校進行翻轉教學研究的可行性，那時的我是一位準碩士生，我願意以我的畢業習作以此為主題。感恩得到校長的批准，在學校開展了長達一年的研究（二〇一六至二〇一七年）。是次研究參與的老師共四位，涉及的科目有數學科、中文科、物理科及資訊及通訊科技科（*Information & Communication Technology*，簡稱 ICT 科），比較兩個學年學生成績及參與老師、學生的觀感。

翻轉教學正式啟動！

如今，我任教 ICT 科已將近十年，常常反思如何能把這科目教授得更有效率，如何能提升學生的學習動機？如何能讓學生自主學習？解決方法是老師要生動地去演繹教學內容、提升學生功課量、將課堂變得互動有趣，還是吸納一些學習能力高的學生去修讀 ICT 科？經過多番思考及實戰，其實上述的因素當然能在某程度上提升教學質素，但學生的學習始終局限於面對面的上課時間內，未能伸延到學生課餘時間，更遑論眾人期盼的自主學習。為了讓學生能體現自主學習，翻轉教學顯然是必須的。因著上述提及的各項有利條件，亦因著這項研究，我得以開始實踐翻轉課堂！

「翻轉之路」就是這樣開始。

翻轉 ICT 科三大挑戰

翻轉了課堂便能萬事亨通嗎？當然不是，以下我嘗試以三個提問來分享在過程中曾面對的各項挑戰。

好的開始是成功的一半？

不難想像，自行製作教學影片及重新設計課堂內容需要相當多心機及時間，正正因為我經歷了很多的慘痛經歷，所以現時我不斷提醒同工先由小步子開始。筆者當初開始翻轉教學時是相當進取的，自我要求也很高，導致花了極多的時間去製作一段只有數分鐘的影片，過程中也重拍了無數次，再加以適當的剪接，結果令我疲乏困倦，還曾經打算放棄。幸好當時的學生對教學影片有著正面的評價，加上我能看到重新設計課堂內容的好處，才讓我能咬緊牙關去繼續努力。我的翻轉教學不算有好的開始，但有幸能開始。

老師的角色被動搖？

隨著資訊科技的發展，動輒便於網上各類的搜尋器、社交網絡尋找答案，指尖間就能獲得無限知識，連思考的時間也可省掉。較深刻的印象是年前於初中教授一些繪圖軟件的技巧時，察覺有學生已能純熟地運用，幾乎連堂課、家課也於課堂上完成，後來始知道那些學生並非早已接觸該軟件，而是他們懂得於網上找尋相關的教學影片，邊觀看影片，邊使用軟件，

不明白的可重複觀看，或再找其他影片學習。總而言之，在這世代很多技術都能透過自學而獲得。加上實行翻轉教學，教師會提供教學影片予學生去預習、自學，因此學生遇上學習困難並不一定需要尋找老師協助，這會否代表老師的重要性正逐漸下降？

還記得自己在中學時期有幸修讀電腦科，每堂都懷著興奮的心情往電腦室上課。當時十分依賴老師，無論是老師教授理論，抑或是使用電腦學習寫程式（Pascal），每每遇到難題，如程式未能成功運行、語法錯誤或邏輯運算錯誤，均需要經老師一番滿有耐性的指導下才能成功闖關。

其中一次深刻的經歷，是中四級第一次統一測驗，近乎全組修讀電腦科的同學都考得不理想。老師頓時收起平日輕鬆的面孔，帶著凝重的神情走進電腦室，禁止我們使用電腦，全體同學坐在黑板前認真聽老師由頭到尾教授一次理論課。經過那次講解，我頓時全然明白了課本所有內容。現在回想一下，假若當時老師能錄製教學影片放上互聯網（當時資訊科技當然沒有現時發達），我們便能於測驗前在家複習，避免「肥佬」的結果了。

資訊及通訊科技科不需要翻轉？

時至今天，當年的電腦科已變成現在的資訊及通訊科技科。有人會好奇問道：「ICT 科本身已充滿 IT，那還需要運用資訊科技進行翻轉教學嗎？」這問題的答案十分顯淺，現行 ICT 科屬香港中學文憑試科技教育學習領域的其中一科選修科，其

評核方式包括公開考試及校本評核兩部分。下列五項為考評局旨在於 ICT 科評核考生的能力：

1. 顯示對電腦系統的組織和系列，及其與硬件、軟件和數據之間的相互關係的認識和理解；

2. 體會與資訊及通訊科技運用有關的社會、道德及法律問題；

3. 有效、有道德地運用及辨識一系列的應用軟件，以支援資訊處理及解決問題；

4. 顯示對分析問題的各種方法的理解，並運用資訊及通訊科技來規劃及實現方案；

5. 體會資訊素養與使用資訊及通訊科技以共享知識如何影響人們的決定和改變社會。

換句話說，ICT 科除了因本科性質屬 ICT 外，同時也涉及大量需要同學展示對 ICT 有著各方面的認識、理解及運用，加上到目前為止同學應考這科時也是以答卷形式進行，我們某程度上可視 ICT 科與一眾選修科無異，翻轉 ICT 科同樣能帶出很多好處。

我的翻轉心得分享

推行翻轉教學研究一段日子，也經歷過摸索階段，不妨跟大家分享一些心得：

小步子

作為翻轉教學協會的幹事，很多時都被同工問及究竟如何能開始翻轉教學。所謂萬事起頭難，下定決心去做固然重要，但香港教師的工作繁重，單是要花時間拍攝教學影片，已令大部分老師卻步。因此，我建議開始時只需小步子走，不用一步登天。例如高中 ICT 科必修部分有五大單元（分別為資訊處理、電腦系統基礎、互聯網及其應用、基本程式編寫概念、以及資訊及通訊科技對社會的影響），起初只需揀選互聯網應用單元內的個別主題去翻轉，也不用每堂課也翻轉，因為學生需要時間適應翻轉教學模式，老師也需適應。

慢慢令學生適應

現在的學生習慣上網看影片，但翻轉教學內的影片並非全部都當娛樂性，學生會否有意欲觀看？

不同場合的研討會或工作坊都會有同工詢問如何確保學生有觀看影片？學生會否只是「播片」而一走了之？如何能於影片中間加插提問等等。最理想當然是學生打從心底有意欲去做好課前的預習、觀看教學影片，但始終不同學校的情況都有所不同，同工需要視乎學生的情況作出調適。我在運用翻轉課堂前，也花了不少工夫讓學生明白完成課前任務的重要性，也曾在課堂內翻轉，即在正式要求學生在家觀看教學影片前，讓他們嘗試在課堂內觀看教學影片，然後回答一些簡單直接的問題，再基於他們的答案開始講課，加插討論、匯報等環節。總而言之，就是學生們首先體驗翻轉課堂的實況，再一步步鼓勵他們全程投入去做。

重新設計課堂

當順利推行翻轉教學後，學生在課前預習，課堂的教學活動必須重新設計，不論是小組討論、問答比賽，還是其他活動，老師與學生的互動時間大增，老師站在

課室講課的時間得以銳減，換來的是可以適時地幫助個別有需要的同學。ICT 科始終不應只講理論，翻轉後我的課堂充滿當時討論的聲音和學生向老師發問的聲音，我會在適當時刻向全班同學講解大家最常見的錯誤。

記得講授互聯網應用時，還誠邀了學校的資訊科技技術人員向學生介紹校內相關的網絡硬件，讓學生能實在地了解網絡在日常生活的運作原理。同樣地，我也得以騰出空間，爭取帶學生外出參觀和參與外間比賽的機會。我期望學生不應只自攜自己的硬件裝置（BYOD），更應該自攜自己的學習，掌控自己的學習。

滙聚志同道合的人

在嘗試推行翻轉教學的路上，同工們不應該只靠自己去單打獨鬥。學生能於指尖間於網絡世界找尋知識，老師們同樣可以藉無數的訊息群組找到志同道合的人。現時翻轉教學協會的即時通訊群組已有著近二百位對翻轉教學滿有熱誠的前線同工，我知道大家的教學年資差距可以很廣，任教科目也可很闊，大家所服侍的學校情亦不同，甚或大家的資訊科技技能也有明顯差異，但無論如何，我們按著最適合的步伐，大家按著最適合的步伐，不亢不卑地去努力吧！

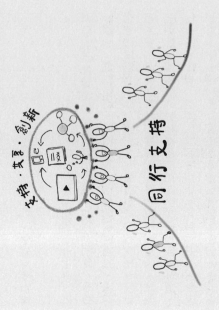

同行支持

支持‧交流‧創新

教學方案分享

教學法	資訊及通訊科技科
翻轉策略	解難及自我管理學習
重新設計的課堂內容	翻轉演講內容及延伸自主學習、解難及小組討論
課堂外的學習活動	相關概念小測 線上教學影片 與影片相關的短問題 老師跟進學生的回應
科技應用	學習管理平台：Schoology、Google Classroom 螢幕擷取工具 Google 平台工具：Google Drive, Google Docs 實時訊息工具：WhatsApp 自攜裝置

運用 first principles of instruction 設計的課堂學傳

課前學習 (out of class learning)

	資訊及通訊科技科 課題例子：建構及互聯網基本知識
問題 (problem)	/
激活學生現有的知識 (activation)	老師透過教學影片讓學生回憶現有的知識（數據傳輸的方式）。
展示 (demonstration)	老師透過教學影片展示出封包交換式傳輸 (packet switching) 及電路交換式傳輸 (circuit switching) 的分別。
應用 (application)	學生應用所獲得的知識去回答一些短問題。線上小測題目例子：使用電路交換式傳輸存在甚麼問題？學生一般需要在課前回答的題目數量：約三題。學生一般需要觀看的教學影片：每周約三段影片。教學影片片長：四至八分鐘
整合 (integration)	/

課堂學習 (in-class learning)

及重新設計老師與學生面對面的課堂內容。

經過這段時間的推行翻轉教學研究，我發現是次參與研究的四科（包括數學科、中文科、物理科及 ICT 科）中，有三科的成績是經歷翻轉教學較得傳統學習模式的好，而有一科的則是實踐翻轉與否成績都是相若。這代表翻轉教學是一試無妨，因為最低限度也不會帶來負面影響。

資訊及通訊科技科	
	課題例子：建網及互聯網基本知識
問題 (problem)	老師指引學生以最少三項設備去設計家居網絡（現實世界的任務）。
激活學生現有的知識 (activation)	小組討論：學生分組探討使用封包式傳輸的好處。
展示 (demonstration)	老師使用網絡模擬軟件 (packet tracer) 去展示數據傳輸的過程。
應用 (application)	學生運用相關知識及概念，透過網絡模擬軟件 (packet tracer) 去製作不同類型的簡單網絡。
整合 (iintegration)	學生能運用不同設備去建構家居網絡。

由上述例子可見，翻轉課堂的成功並不需要將教學影片製作得盡善盡美，重點應放於課前學習的引入，以

老師和學生對翻轉的看法

學生反應

　　與此同時，我希望了解學生對於翻轉教學的想法，為方便學生表達他們的觀感，我設計了以下簡單問卷讓他們填寫：

題目一：老師製作的教學影片的質素是高的。
十分不同意　1　　2　　3　　4　　5　十分同意

題目二：觀看課前的教學影片能幫助我應付堂課及家課。
十分不同意　1　　2　　3　　4　　5　十分同意

題目三：相比於課堂授課，我較喜歡觀看老師製作的教學影片。
十分不同意　1　　2　　3　　4　　5　十分同意

題目四：老師往往能將課前教學影片與課堂內學習活動有著密切及有意義的關聯。
十分不同意　1　　2　　3　　4　　5　十分同意

題目五：老師善於運用資訊科技能讓我更易學習知識。
十分不同意　1　　2　　3　　4　　5　十分同意

題目六：翻轉課堂能夠使課堂的教學活動變得互動及有

趣。

十分不同意　1　　　2　　　3　　　4　　　5　十分同意

○ 題目七：翻轉課堂能夠提升我的學術成績。

十分不同意　1　　　2　　　3　　　4　　　5　十分同意

○ 題目八：總括而言，相比起傳統教學方式，翻轉課堂能
讓我更投入學習。

十分不同意　1　　　2　　　3　　　4　　　5　十分同意

　　經整理過百位學生填寫的問卷後，我們發現各題的平均數
值都是「4」，代表著學生同意運用翻轉課堂模式去學習。

　　除此之外，我也邀請了三位學生就翻轉課堂的成效進行面
談，以下我將他們的回應分為三類，分別是挑戰、活動及改
進。

　　挑戰方面，學生表達在學習平台觀看影片時遇上技術問題
（其後發現是學生自攜裝置的網絡設定問題）；亦有學生指出部
分影片的內容太深而難以在課堂前理解，需要老師在課堂加以
講解才能明白。

　　活動方面，學生喜歡以觀看影片及回答一些簡單問題為課
前任務，這能讓他們於面對面課堂時更易掌握老師教授的新知
識；師生的互動加增，亦能使學生投入課堂。

　　改進方面，大部分學生希望於影片加上字幕，有部分能力
較強的同學期望課前任務可加插較複雜的任務。

老師參與翻課後的觀感

另一方面，我跟參與推行翻轉教學的同工面談，與上述整合了的學生意見一樣，以下我也將他們的回應分為三類，分別是挑戰、活動及改進。

挑戰方面，老師無可避免地會遇著一些學習動機薄弱的學生，他們會欠缺認真的態度去完成課前任務，甚至視預習於無物。老師同樣也道出剛開始時，需要花費較多時間去製作教學影片。

活動方面，以 Merrill 的 First Principles of Instruction 去運行翻轉課堂，能讓教師清晰如何去設計課堂。有老師提出有些學生提供了出色的答案，老師正計劃以這些學生所提供的答案去設計試卷。

改進方面，於課前的預備任務可加插不同程度的題目以滿足學習差異，也有老師提議以遊戲化（gamification）去提升學生的學習動機。換言之，將學習的進程加入遊戲的元素，例如按照學習內容分成不同等級的難度，設定關卡，讓學生每次成功闖關後能獲得相應的獎賞。而獎賞不一定是屬物質的，非物質的獎賞如虛擬徽章已能夠去提升學生的學習動機了，情況猶如很多年輕人喜歡電玩一樣。

翻轉的誤解

過往可能太多有關翻轉教學的研討會及工作坊偏向技術層面的分享及談論教學影片的製作，導致很多人誤以為翻轉教學

就是等於拍片，拍製了影片上載至網上便等同翻轉。結果重點便錯誤地放在如何令學生觀看影片、如何監察學生有否觀看影片、用甚麼學習管理系統較好、沒有觀看影片的學生該如何作出懲處、如何能於日常繁忙的工作時間表中抽出空間製作影片、需要甚麼器材，工具等等。

千里之行，始於足下，盼望更多同工嘗試踏出信心的一步。

往後的翻轉

更多人去認識翻轉

現時無論是教育局、香港教育城，抑或各大教育學會都會定期舉辦不同形式的翻轉教學工作坊或講座，香港翻轉教學協會當然擔當先鋒，近年已在兩岸三地合作舉辦國際性的交流活動。我相信翻轉這概念在香港的教育界經已遍地開花，但我更盼望同工不只停留於認識層面，而是踏出第一步，一起翻轉。

大專院校的參與

現時有不少大學課程也會以 MOOC（Massive Open Online Course）形式去授課，例如香港大學早於二〇一四年已推出一系列的 MOOC 課程，由著名教授錄製教學影片，報讀的學生能按照自己的步伐去觀看影片，透過網上論壇與來自世界各地的學生討論交流，再完成各類習作。也有很多教授進行對翻轉教學成效的研究，也同時推動這教學法。

近月令我感到十分鼓舞的，是喜見香港專業教育學院（青衣）成功獲得持續進修教育基金的撥款，開展了對翻轉學習成效的研究；也召聚了一眾前線 ICT 科同工組成「資訊及通訊科技翻轉學習教師專業社群」，整個項目有負責製作教學影片的專業團隊，也有一眾前線 ICT 科同工擔當顧問，彼此交流，討論細節。我深信，這計劃必定能進一步推動香港翻轉教學發展，尤其對 ICT 科的翻轉教學來說，是一個重大的里程碑！

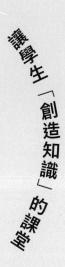

8

讓學生「創造知識」的課堂

張展瑋老師

一直以來，「學與教」這概念都把「學生」與「教師」緊密地連在一起，學生與教師需要
共同投入於學習環境當中。而教師在課堂上的角色亦由過去的「知識傳授者」轉變
為「知識促進者」。近年，翻轉教學的提倡，亦是建立在此基礎上進一步深化教
師作為「知識促進者」的角色，而場景則由「課堂上」進一步拉闊到「課堂
前」，學生需要在課堂前完成預習功課，繼而使課堂上能讓教師在不同
的互動教學環節當中進一步完善發揮「知識促進者」的角色。過
往並沒有學者甚或前線教師專門地探討「預習」與「課堂」
之間的關係及意義，而我們一般所理解「預習」的
功能，也只是讓學生自己能更容易掌握教
師隔日在課堂上的講授。

但近年，「翻轉教學」的提倡重新梳理兩者之間的關係，並系統化地整合出「預習」應與「課堂」按照 Bloom 的學習金字塔有機地結合起來，讓課堂能進行更多分析性及創造性的學習活動，使「預習」與「課堂教學」之間密不可分。由此，預習並不像過去般從屬於課堂教學，也並不再淪為「可有可無」的學習活動，真正成為課堂空間的延伸，使學生在家中是一名自主的「課堂學習者」。在這個模式下，缺少了預習，課堂活動也難以達致最高效能，由此，翻轉教學重新整理出預習與課堂教學的意義，推動教育進一步向前發展。

要說起踏上「翻轉教學」之路的緣由，其實頗為曲折。起初我並不是專注於電子教學的學習與工作範疇上，而是在生命教育。從接觸電子教學，到研究翻轉教學的模式，及後至實踐的經歷與反思，一切都緣自偶然的機會。

我如何走上「翻轉」之路？

初接觸電子教學　思索教育新的可能性

　　當我還在香港中文大學讀通識教育本科時，同學都很喜歡
選修與電子教學相關的科目，因為傳聞當中所學甚為實用，而
且難度不高，初學者容易掌握。不過，對於我來說，一直以來
電子教學停留在我的想像中，只是應用 Word 或 PowerPoint 進
行教學，因此我寧願選擇修讀一些較為理論性的科目，其中價
值教育、生命教育都是我感興趣的範疇，因此這些範疇便成為
了自己在學期間修讀的主要方向。然而，從專注理論研究到開
始認識電子教學，繼而在工作方向出現轉向，一切都從大學三
年級說起。當時幾乎每人都擁有一部智能手機，還記得某天下
午，我在崇基圖書館溫習時，手機傳來了一封陌生電郵。這封
電郵來自通識教育課程主任，內容是轉發自一位教授的邀請，
當時這位教授希望能邀請數名就讀通識教育的學生，協助支援
一些與資訊科技教育相關的中小學教師培訓工作坊，為參與教
師提供輔助。當時我覺得頗有趣，因而有意一試。

　　在這些工作坊內，我發現原來電子教學並不是我所想像的
只是善用 Word 及 PowerPoint 進行教學，而是利用平板電腦作
為教學工具。在工作坊內，我發現原來有一隻由中大研發的
App，叫 EagleEye，可以應用在平板電腦上進行戶外學習，而
教師更可以即時收集同學所得成果，繼而在活動完結後給予適
切回饋以鞏固學習成果。在這次經歷中，我發現原來課堂不用
再局限於運用紙張，而平時只是作娛樂用途的平板電腦原來可
以被應用在教學上。當時除了 EagleEye，課堂上還介紹了許多
軟件，例如 Nearpod、Padlet 等工具，都使我眼界大開。

在這個背景下，畢業那年我還在尋找前路方向時，得知中大資訊科技教育促進中心有一個職位空缺。我知道中心內有很優秀及出色的同事，因而希望加入與他們一起共事。後來我通過兩次面試後，獲得了聘用，正式開展我在電子教學的行政及研究工作，也是我踏上翻轉教學之路的重要一步。

與切身自學理念吻合

在初入職之際，當時中心主任並不介意我是職場新鮮人，允許我參與不同會議，特別是與教育局相關的教師培訓工作。後來由於教育局有意開辦翻轉教學的教師培訓工作坊，當時我對翻轉教學的概念非常感興趣，因而閱讀不少相關的學術文獻，發現了當中的概念與我的成長有緊密扣連。

當我還是中五學生時，我們一班修讀經濟科的同學都有預習的習慣，也有能力自修、自行閱讀課本的內容，也可以自行找歷屆會考題目操練，因此便建議老師在課堂上不要重複講授我們已自行研讀的內容，反而要求老師個別地協助我們處理自行研習當中所面對的難題與困難。這樣每人便能得到貼身的照顧，老師也不用浪費氣力去重複一些我們本身已認識的課題。恰巧，我發現「翻轉教學」的概念在這套運作模式上有相似之處，正正便是讓老師發揮「知識促進者」的角色，讓老師能有更多時間與學生討論。學生因此在過程當中可問更多「Why」的問題而非僅僅是「What」，這對於刺激思考，強化對學習內容的記憶非常重要。由於我們當年曾經對老師有這樣的要求，因此當我接觸「翻轉教學」時，我認為翻轉教學與當時的這套

模式有類似之處，而我也相信，如果可以把翻轉教學應用及推廣開去，會使更多學生受惠。因此，我便專注於這課題的研究與發展上。

就這樣，這些經歷啟發了我從「接觸」電子及翻轉教學轉變成「鑽研」與翻轉教學相關的領域。然而，真正有機會令我深入接觸的，是二〇一六年的 GCCCE 學術會議。GCCCE 是全球華人學者在資訊科技教育上的國際性會議。那年的會議湊巧在香港教育大學舉行，當時我想參加，卻又猶豫如何向中心主任表達。後來在一次的例行會議中，我向主任提出這個意願，沒料到他一口便答應了，還說會支持員工找尋增值自己的方向。由於當時不論是學術界或是教學界，翻轉教學皆是一種嶄新的教學法，因此我一直都想探究其如何實際地應用於香港的教學環境中，特別是與我本科相關的通識教學上。因此，我便藉著此機會，仔細地翻閱相關文獻，並嘗試建立出一套可被轉移及容易應用的範式，供學界參考。

當時除了 GCCCE 外，我從中心主任中得知在 GCCCE 半年後有另一個更大型學術會議 ICCE（International Conference on Computers in Education）會在印度舉辦。那個會議是集合全球在相關研究領域的學者，對於開拓視野及研究鍛煉非常重要。由於當時我已閱讀了許多有關翻轉教學的理論，發現普遍學者都只是集中於理論層面討論翻轉教學的優點，反而鮮見有文獻討論其實踐限制及困難。如果要計算相關文獻，較為專責地討論翻轉教學的限制，當時可算只有克萊‧賀瑞（C. F. Herreid）與南西‧席樂（N. A. Schiller）在二〇一三年發表過的論文。當時我在想，既然這個課題較少論者觸及，我便嘗試就這方面作

相關研究。而我深信，只要我能發現當中實踐存在甚麼困難時，我便可以提出改良方案，使翻轉教學能走得更前及使人更容易接受。令人高興的是，這篇文章後來獲得了接納成為會議論文，而這更是一個國際性會議。其後在同年的七月，我也參加了全球華人探究學習創新應用大會，並在論文發表及學案設計中獲得了一等獎。在短短一年多的時間內，我對翻轉教學及電子教學的認知有了深刻的提升。

教學相長　老師在教也在學

同年九月，我因有了新的工作機會而從大學轉換到中學教育上，在剛踏入前線教學工作環境時，我需要慢慢地尋找自己的工作步伐，以及建立恆常的教學模式，而電子教學會是我恆常教學模式的一環。我知道如果要持續應用電子教學工具，不能抽離於課程，在課程以外實踐，而是一定要配合課程，並且要恆常地做。當我們理解電子教學是一種學與教模式的轉變，這樣老師在建立新的恆常教學習慣的同時，學生其實也在同步適應。因此，如果要使翻轉教學成為一種可持續的教學模式，教師必須了解到電子工具可以如何配合課程，配合學生，從而成為恆常教學模式的一部分。

製片耗時過多　重新釐清教學初衷

在初實踐之時，我便問自己：「翻轉教學可以如何在通識科恆常地推行？」這問題的關鍵，在於只要梳理出答案後，往後的實踐便會變得系統化，也有脈絡可循；如果處理不到這個問題，而單向地理解翻轉教學只是「睇片」時，那麼翻轉教學，特別是在通識科的應用上便會容易變得失去焦點，難以緊扣預習與課堂之間的連結，使教學主線容易變得鬆散，令翻轉教學作為一種推進高階思維教學的方式也變得難以實現。因此，我必須要先釐清通識教學的「核心元素」及「重點」，才能逐步推進如何把課堂「翻轉」。

實踐的初期實在是摸著石頭過河。由於在過去的研究中，

學術界都有共識認為翻轉教學中面對最大的挑戰是學生學習動機弱，因此我想，如果我要求學生做預習以配合我課堂教學的話，我需要把預習影片變得有趣。如果要在內容與形式中取捨，相對內容的具體實在，當時初出茅廬的我更重視影片的趣味性。所以，我反覆思量，究竟怎樣的影片才是有趣？

當時網絡流行一種以動畫形式的影片講述模式，深受大眾歡迎，而網上也有付費平台可以讓大眾製作此類影片，我便利用這些平台，開始就不同的課題製片。作為教學新鮮人，起初雄心壯志，難免會高估自己的能力，我利用下午的時間，花上兩三小時錄製一條自己滿意的影片。後來，隨著時間的過去，我發現不能夠再持續下去，因為製片所花的時間實在太多了。

當下我問自己，究竟我的職業是甚麼，是專業製片師，抑或是教師？如果我是一名教師的話，花時間準備教學、批改習作才是我的「正業」，如果我因為實踐翻轉教學，而把大部分時間都用於「製片」上，「輕」與「重」便未能有效平衡。因此，在有限的時間內，我知道我應優先把教學實務放於首位，所以我重新調整自己的實踐方式。

於是，我再一次反問自己及思考我教學中的核心問題：通識科為何需要翻轉教學？翻轉教學可以如何讓學生學得更好？如何做好「預習」及「課堂」之間的串連，以達致更佳的教學效果？通識科希望培育出怎樣的學生，而翻轉教學如何輔助培養出這些學生？

我相信每位通識教師都非常重視培育學生的思考能力、表達能力，甚至是文字論述能力。在傳統的教學上，基於種種限制，教師未能全面地照顧到學生在這些範疇上的能力發展；而我相信通過翻轉教學，「預習」令「課堂」模式改變，預留更多時間讓老師與學生處理不同議題是重要的。加上「課後習作」作為鞏固課堂所學，並提升學生文字論述能力，也是為對應現實考評需要而必須的教學策略，因此，「課前預習」、「課堂教學轉變」、「課後延伸習作」，便是通識科完整教學中所需要包涵的重要元素，而這些元素都與翻轉教學相呼應。

實踐概念　培養學生自主學習

當我對實踐方向有了基本框架後，我便思考應如何具體操作：

- 究竟學生預習需要預習哪些內容？
- 在課堂上要有甚麼教學活動相配合？
- 課後老師和學生需要做甚麼以鞏固所學？

這些問題都十分值得思考。由於三者本身所佔的時間不同，而且學習環境也不一樣。在家中他們需要更多的自學，較少的輔助；但在課堂中由於有老師在場，可以有較多的幫助。

按照這個思路，在自學的環境當中，學生主要處理更多事實性層面的知識，而在課堂內由於有老師的協助，所以可以處理更多分析性層面的知識。

從教學經驗歸納出，通識科很重視通過掌握概念，以分析不同的社會議題。而概念的掌握是學生理解一個複雜議題的切入點，也是對社會面貌掌握的起步點，能有助他們建立對議題的立場及組織論述。學生的論述能力也就是小組討論或是全班辯論的基礎，教師的角色則是在龐雜紛亂的論點中，重新整理出一個秩序，並再進一步作概念化提升，好讓他們回家作評論題時能有更深刻的表達。因此，我嘗試建立出一套通識翻轉教學的課堂脈絡，並成為我日常的教學模式，經整理如下：

課堂前	1. 預習		
課堂時	2. 議題背景 5. 小組討論／辯論	3. 核心概念 6. 歸納整理	4. 探究問題 7. 課堂總結
課堂後	8. 延伸習作		

梳理出這套教學模式後，我便開始在中四級實踐。還記得九月開學的第一個星期，我跟學生說我會用「自家製」影片輔助教學，起初他們都不明所以，也不太習慣，因為在他們一直以來的認知裏，「預習」的方式一般主要是通過文字資料，即使是影片，也是一些由社會媒體所作的資訊性影片，例如《鏗鏘集》，作為預習材料。因此，當我說我會製作一些預習教

學影片，並要求他們在課前觀看，這對於他們的學習模式來說無疑是一個全新的概念。但由於他們都未熟悉我，因此怕我生氣而必定會完成預習。過了一段時間，我開始發現原來他們並不懂得如何去有系統性地做預習，大都只會把重點摘錄在筆記簿內。可是，我認為預習不能止於「抄寫重點」，預習應該要與思考同步。例如每當習得一個新概念時，便需要思考除了可以應用於現時這個課題外，還可以應用於分析其他甚麼社會議題？只有恆常地訓練這種思考模式，學生才能做到跨單元甚至跨學科式的思考。

為了幫助他們更有系統地做預習，我為他們製作了一本簡單的預習筆記簿，內含幾道問題幫助他們思考概念的運用。每當他們做完預習後便要把相關重點摘錄在內，我期望這本筆記簿能成為他們溫習時的重要筆記。這份筆記完全是由他們自主地完成，我只會每隔一段時間才收回來檢查一下，並提點可更完善之處。對於這份筆記，我抱著「不批改」的原則，箇中原因，我不希望學生為了應付我，「交功課」式地做筆記，我希望他們能為自己負責任，慢慢地培育他們成為自主的學習者。

了解資訊世代　調整教學心態

教學日子當然並不會一帆風順，日子久了，事情的變數也多了。我發現每次臨到上課時，預習影片的瀏覽人數仍未達全班總人數。我便開始多了在課堂上提醒同學做預習。後來，我發現影片的瀏覽人數雖合乎班上總人數，可是，當我仔細查閱 YouTube 上的平均瀏覽時間，我便發現原來影片瀏覽大約只有

六成多，不禁開始有點疑惑。

　　我起初不解，以為是學生以「交功課」的心態做預習，以為可以把我蒙在鼓裏，因此我便開始從身邊同學著手查探究竟。究竟是不是大家未有用心地完成預習？後來我才發現，如果我把這情況判別為學生的學習態度問題時，這真會是一個大誤判。原來在今天資訊爆炸的年代，人要在有限的時間閱讀無限的資訊，「快速瀏覽」成為了都市人吸取資訊的恆常習慣，而學生瀏覽影片習慣跳著看。這情況同樣出現於他們觀看動漫、演唱會或是《鏗鏘集》等影片上。預習影片作為資訊載體，相對動漫要「沉悶」得多，並且有些知識他們可能已有涉獵，因此他們出現「跳著看」的情況也實屬可理解。

　　這次經歷讓我反思，在面對「疑似」學生的行為問題時，不妨可以停一停，多思考一會，有些問題也許並不是學生的個人「問題」，而是社會、一整群人的時代共相。多了解學生，同時也幫助自己理解一個更全面的世界。

爭取課堂討論空間　實現通識教學目標

在每天的教學歷程內，少不免會有一些課堂自己是未盡如己意，但也有些自己是滿意的，其中一課是關於市區重建的案例討論。

市區重建是「今日香港」單元的恆常議題，課堂以連堂形式進行，共長八十分鐘。對象是中四級的學生。我希望學生通過這節課後，能理解解政府為何要進行市區重建、市區重建的現況，以及當中的爭議。最後我希望就課堂所討論的爭議，加以反思及整理，建立出一個自己心目中的市區重建計劃。而貫穿整個課堂的討論問題是「市區重建是否能有效地提升港人生活人生本質？」

要讓學生能有深度地得出討論成果而非泛泛而談，課前預習的知識、課堂上教師如何帶動小組討論，以及討論後的歸納總結便十分重要。

課前預習

是次預習影片影片長約七分半鐘，內容包括：

1. 市區重建原因：香港自第二次世界大戰後開始具規模性地興建唐樓，而這些唐樓至今已有約六十多年歷史，樓宇結構的安全性及其所引伸出的社會風險開始被社會廣泛關注，因而衍生各項「市區重建」項目。

2. 市區重建的具體情況：以灣仔利東街變成囍歡里作事例，簡單解釋「市區重建」的特徵，社區由「有機社區」轉變成「機械化社區」，社區的人口結構、商店種類也出現著變化。

3. 關鍵概念：政府管治認受性、經濟效益、產業結構、社會爭議、社會廣泛共識、社區網絡、社會凝聚力、文化產業、城市景觀、熱島效應、城市宜居度等等。

4. 思考問題（節錄）：

a. 在社會層面而言，政府推行市區重建是否在社會獲得廣泛共識，有助增強「社會凝聚力」，還是有機會造成「社會分化」？

b. 在經濟層面而言，市區重建而造成的都市更新，是否有助提升香港整體競爭力？推動香港發展多元化產業結構？

學生需要走訪自己生活的社區，並拍下社區中有甚麼商店、產品價格及社區設施，然後上載至 Google Drive；並且閱讀三至四篇有關現時市區重建的評論文章。

課堂上教及課後延伸

課堂開始時，學生以四人一組，打開 Google Drive，輪流向組員分享自己居住社區的特徵，並表示出自己是否喜歡這個社區。透過活動，希望讓同學知道原來「社區」並不是單一的社會結構，而是隨著各區規劃的不同而有著顯著差異。有些社區以小商店為主、種類也較多元，社區規劃主要由「下而上」為主；有些新型公共屋邨或私人住宅則以連鎖店、連鎖商場為主，消費水平較中產化，社區規劃則主要由「上而下」。這樣便能帶出下一部分，開始認識「市區重建」為社區面貌所帶來的轉變。

課堂第二部分，學生會從實際例子中認識「市區重建」。這部分我選取了大角嘴奧柏、御峰一帶作為切入點，學生需要繼續以小組形式，並以 iPad 開啟 Google Earth，用四至五分鐘時間「走訪」當地，觀察奧柏、御峰一帶重建前及重建後的分別，並記錄建築物、商店種類、檔次的不同，並先在小組內分享，然後再由老師帶領全班分享。

當學生實際觀察過市區重建、並對社區變化有了初步印象後，我便會開始講解「士紳化社區」的特色。從社區規劃、消費品味、社群結構等角度切入講解。此時，學生已經歷了觀察自身社區，分享自身社區特色、觀察他者社區，從而理解士紳化下的市區重建，層層遞深入地去了解一個對於他們來說「不設身」「非常遙遠」的課題。

其後，我再會引用政府數據，帶出現時各區市區重建的情況，然後便進入小組討論及全班辯論的環節。討論題目是「市區重建是否能有效提升港人生活質素？」學生會繼續保持原有四人一組的模式，然後獲分派成正方或反方，有八分鐘時間跟組員討論與其立場相關的論

這念則可表達成「市區重建會破壞原有的居民社區網絡，從而削弱社會凝聚力」。這樣學生便能從每一次的辯論中潛移默化地習得及應用預習影片所所學過的概念化詞語。

來到課堂的最後部分，當學生經歷完課堂辯論，並了解到市區重建後市民對市區整體生活素質所帶來的正、負面影響後，我會以觀塘裕民坊的重建為例，簡單講解現時觀塘裕民坊的重建計劃，然後學生需要分析當中設計的利弊，再自己創作一個心目中理想的裕民坊重建計劃，並在課堂上簡單匯報。

學生回家後，並同樣以「市區重建是否能有效提升港人生活質素？」為題，完成一篇評論文章，讓我評估他們在這課題上習得的論述能力及深度。

課堂設計理念

這節「市區重建」的課堂設計是我與科主任協作的成果，當中除了應用了翻轉教學的理念外，還希望讓學

點，接下來就在十五至二十分鐘內與另一方辯論。其中一方先闡述其觀點，然後另一方可以選擇「建立新論點」或「反駁對方論點」，如是者經歷五至六個回合。我則一邊引導著討論，一邊在 iPad 上記錄他們的觀點及理據。

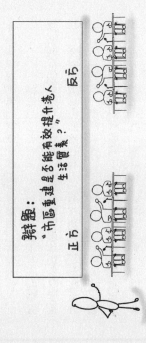

辯象：
"市區重建是否能有效提升港人生活質素？"

正方　　反方

辯論結束後，我會整理整場辯論的脈絡及雙方的觀點，歸納出不同角度，並把學生的論點及論據轉換成與通識科相關的概念。例如反方提及「市區重建會使原本的居民不能再一起生活」，若轉換成與通識科相關的概

生經歷「從觀察、思考分析至創造」的過程。學生從觀察自身社區出發，再觀察他者社區，繼而分析出「士紳化」的利弊，最後創造出一個自己理想中的社區。

要達致這樣的流程，這教學設計的推進還結合了班傑明‧布魯姆（B. C. Bloom）的學習層階金字塔，學生在家中預習到「市區重建的背景」及當中涉及的相關概念，都是「事實性層面」的知識；而在課堂上，則以小組討論為主的學習方式處理「分析及應用層面」上的知識，學生需要通過小組討論不斷地思考；最後則是處理最高層階的「創造知識」，學生通過創作理想社區，並向同學分享自己設計的理念，從而建立出新的知識及規劃模型。

由此可見，翻轉教學在當中實現了讓課堂留有更多空間處理高層階的學習活動，避免因課時不足而導致討論活動時間不足的問題，讓學生在「自主學習」及「課堂學習」之間有了明確分工，減少兩者重疊，並更能讓我們老師作為知識促進者，協助學生建構具概念化的知識。

學生反應與老師反思

學生對預習影片的看法

在初實踐翻轉教學時，我一直都希望在教學實踐的同時，不斷收集學生的回饋，以應對他們的學習需要。一般而言我都是以錄製 PowerPoint 的形式製作影片，因為這樣的製作較簡單及便利，讓我得以有更多時間去準備翌日的課堂教學。因此，我所製作的影片都盡可能限制於五至八分鐘以內，並且按照日常正規匯報的原則，盡量多圖畫而少文字，使學生能把專注力都放在我的講解上。然而，從學生回饋中讓我有了更深刻的反思。

在中期試過後，我以 Google Form 的形式收集了十九位學生對於預習影片的意見，以調整下學期的教學，而學生的意見可被歸納成對影片長度、影片內容、影片效用及後期製作四個向度的評價，並綜合分析如下表：

範疇	角度	學生回饋綜合分析
1	影片長度	學生普遍認為三至五分鐘的影片是合適的長度。然而,有些能力較高的同學表達希望我可以拉長影片時間,在某些位置作更深刻的講解。他們當中有些同學更提出應把影片加長至八至十分鐘,反映出學生對影片長度的需求也會因學習多樣性而有差異。
2	影片內容	大部分學生都提出希望能有更多具體例子輔助講解概念,使他們能從例子學習概念。
3	影片效用	大部分同學認為預習影片強調講解概念,能幫助他們加深了解不同概念間之串連及演繹。例如在討論「瘦身文化」時,同學很容易便能組合「自尊」、「獨特感」、「社會認同感」、「媒體宣傳」、「意識塑造」、「潛移默化」等概念。但有部分同學則表示除了可以「以概念為本」講授外,還可以在預習講解過程中多作進一步推論,使他們能在預習時已能初步理順不同爭議點之間的關係。然而,我卻對此有所保留,因為我覺得如果通識科的目標是培養學生獨立分析議題的能力,並能建構且論述出自己的見解時,組織推論的責任應是落在學生身上,如果我在預習時已講出某些觀點的推論理據,那麼學生只是在單向地接收我對某個社會議題的看法,而把之牢牢記著,以為這是較權威的理解及分析,並在考試時重複論述,這樣實有礙他們作開放性思考。因此,我反而希望為他們提供一些分析工具,即是概念詞為主,然後回來課堂時和他們一起建構觀點及論據。為了做到這效果,往後我在準備預習影片時反而會多加入了反思問題,讓他們可以藉此深化思考,幫助建構更深入的推論。

有些同學對影片的後期製作也甚有要求，當中提到希望預習影片能加入字幕，這是受著預習的時間和空間限制而需要的輔助工具。他們表示許多時候不是在一處靜止的地方預習，可能有時是在回家的路程上，或在等待回校的巴士上，環境存在著不少干擾，使他們較易分心及較難集中，影響預習成果。因此，他們希望預習影片能加入字幕，好使他們即使身在嘈雜的環境當中，也能閱讀字幕，減少分心的可能。

承接著中期試後的學生回饋，我加長了預習影片的長度，並多加入了反思問題，讓學生能帶著問題回到課堂，以豐富課堂上的討論成果，也增強師生間互動。後來，在學期完結時，為了回顧一整年的教學，並作一總結，我再次收集同學意見，這次我並沒有採用大班填寫 Google Form 的形式表達意見，而是選擇與班上不同能力的同學深入對話，希望了解他們對於這年翻轉教學的看法。是次的意見收集主要圍繞下表四道問題：

1. 你覺得先通過影片預習，能否更有效地幫助你參與課堂討論及辯論？

2. 你覺得這種學習模式能否有助提高你的功課質素？

3. 你認為老師使用電子教學工具對你學習所帶來正面影響還是負面影響？

4. 你曾經在「影片預習」及「課堂討論」這種學習模式中遇上困難嗎？而你認為其他同學在過程中可能會遇上甚麼困難？

這些同學其實不了解甚麼是「翻轉教學」，對於我日常課堂的操作只能演繹成為「睇片預習」，但有趣的是，他們都能

表達出翻轉教學的具體功能及所要達到的目標。

提升討論質素　照顧學習多樣性

　　翻轉教學的操作原理是通過在課前預習讓學生獲得事實性層面的知識，然後在課堂上通過教師在現場的教學效果，以促進高階的思維討論。同學 A 認為：「先在家中觀看影片可以讓我對該課題先有一個初步的認識，從而在上課討論時，能建立更清晰的論點，以及能作更深入的推論，也可使論點在討論的過程中更具說服力。」同學 B 也認同：「影片預習可先清晰了解背景資料，也可預先做資料整理及分析，這可有助我在課堂上更容易地思考相關論點。」同學 C 同樣也表示：「如果沒有了影片預習，而課堂上直接討論的話，這未能照顧到『諗嘢較慢的同學』，結果這樣在課堂上便由幾位『諗嘢快的同學』主導了整個課堂，其他同學便失去了許多學習時間及機會。相反，當有了影片預習後，大家都能在課前對議題有一定認識，即使思考較慢的同學也能在事前準備後參與課堂討論，也可以建立更清晰的論點。」

　　從同學的表達中可見，翻轉教學的實踐，學生在事前預習，可以有更多時間組織論點，再在課堂上就課題討論，組織的論點比起傳統授課時即時討論更具質素，也更容易表達出整個論點的鋪排與思路。而且相比過往傳統教學，課堂討論的時間有限，結果在有限的時間內，分組討論幾乎由能力較高的同學主導，翻轉教學的課前預習，則可以使學生站在同一起點，即使學生能力不一，也能共同參與討論，能力較強的同學可以

同時輔助同儕，使大家都能獲益。

提高學生文字論述能力

　　翻轉教學在提升表達能力的同時，也會強化學生的文字論述功力。同學在經歷上課表達，以及教師在課堂上的歸納整理後，並把這些討論成果抄進筆記內，然後再在家中就同一或類似討論問題獨立地書寫一次，可使概念運用得更好，解釋也可更深刻。同學 A 認為：「先預習固然可以加強對課堂的理解，課上討論更可以使我在與同學互相交流期間，得以了解不同人對該課題的想法，使我可從更多角度思考。」同學 B 及 C 也認為，經過課堂深入討論能更容易在家中完成功課，適當地將課堂上學過得概念在文章中表達出來。由此可見，翻轉教學使課堂上有更多時間進行高階思維討論，使學生能有更多資源帶回家處理作業，也可提升他們的文字論述能力。

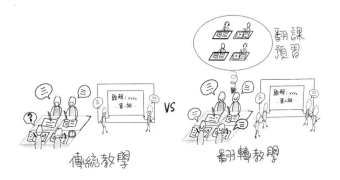

學生自律是翻轉教學推行的關鍵

學生自律是翻轉教學推行的關鍵。雖然全班同學大部分時候都會完成預習，但每人對於預習內容的掌握程度不一，對於議題認知的深入程度也有不同。同學 A 表示：「課前的影片預習需靠同學自律地利用電子產品觀看，但由於沒有老師的監督，同學有機會分心，使之未能完全達到預習的成效。」同學 B 表示：「大部分時間都沒有甚麼困難，只是有時可能由於並不是正式功課，沒有記下在家課冊上而會遺忘了完成，至隔天上課前才做好預習。」同學 C 則表示：「這種學習模式對於我們 M 世代的年輕人，實在沒有甚麼困難，因為我們都有使用平板電腦的習慣。」從他們的經驗反映出，利用電子學習工具作預習，而進行課堂討論對於他們來說並沒有很大困難，當中提及到的主要問題只是「預習是否有效完成」。而就我在課堂上的觀察，我發現學生的性格特質也會影響翻轉教學的成果。舉個例子，學生有多願意與人分享自己的想法、有多願意向他人表達意見，這些屬於性格特質層面的因素，實在地也會影響翻轉教學的推行。如果我們說「課堂討論質素」會決定該課堂的成效時，那麼即使學生做好預習，但在課堂內並不投入討論，其實也會讓課堂的學習效能大打折扣。因此，有時老師在這過程中實在需要多花工夫，在課後時間多與相關學生傾談，模塑他們的課堂態度及投入度。故此，學生能否自律地預習、投入課堂討論，將會是課堂是否成功進行的關鍵，否則將會是課堂的潛在挑戰。

展望

許多時候，每當學界有一套新的教學法／教學範式提出時，我們都會思考：「究竟咁樣 work 唔 work 㗎？」或者「可能其他科 ok，但自己科得唔得㗎？」在這段時間裏，我嘗試不斷檢視自己的做法是否真的有用，抑或還有甚麼地方可以進步，做得更好。在實踐中，我探索到這套教學模式可以有更多時間與學生互動，能讓他們有更多時間表達自己，與他們交流對社會議題，以至對生命的想法，這是通識教學的趣味所在。可能我們最終無可避免地都要面對考評的挑戰，我也難以明切地保證他們在這種學習模式能否明顯提升考試成績，但至少我知道，我們可以為學生提供不一樣的學習機會，他們所擁有的不只是考評操練技巧，他們還可以裝備不同技能，以應付瞬息萬變、知識型經濟社會的種種挑戰。

可能你仍會問：「咁樣 work 嗎？」

希望本是無所謂有，無所謂無的。這正如地上的路；其實地上本沒有路，走的人多了，也便成了路。

魯迅《故鄉》

翻轉教學的必勝法

邊學邊做

有意翻課的老師，遇到的第一個問題通常是：我要預備到甚麼程度，才可以開始在課堂上實踐翻轉課堂呢？我們的建議是，小心部署、大膽行事、邊學邊做。

小心部署，即是對課堂的流程、細節，在課堂前必須要仔細地思考，老師和學生在課堂中每一次的互動，老師會預期帶出甚麼效果呢？在可以控制範圍之內，課堂內可以即時作出甚麼調整呢？思考過後，就要大膽行事，將計劃毫不保留地在課堂上發揮出來。在實踐過程中要思考的，不是顧慮課堂中會否出現一些不可控制的情況出現，而是要仔細觀察學生在課堂中的反應，課堂中的活動及措施，是否可以引領學生達到你的教學目標呢？最後是邊學邊做，在課堂後仔細檢討課堂的每一個細節，哪些是值得欣賞的？哪一些是需要改進的？然後，再回到這個循環的起點，小心部署、大膽行事，邊學邊做。

從少數學生、學習能力高的學生開始

若有老師決定開始翻轉，而校方在行政上亦能有相關配套安排的話，建議先把翻轉教學當成一個拔尖安排，即

老師第一年是翻轉學習能力較高的學生。這並不是要忽略
學習能力較弱的學生，而是一種策略性考慮，目的是遷就
剛開始翻轉的老師，減低翻轉失敗的風險。這個安排，就
好像一些學校為了令新入職的老師在第一年更易適應新工
作環境，特別減輕他們一些教學或行政工作；同樣，由傳
統教學轉型到翻轉教學，某程度上是老師重新學習如何
教，總會有適應問題，一開始減低失敗的風險，有助老師
日後繼續翻轉教學。

此外，翻轉教學某程度上依賴了學生的自學能力，需
要學生在課前完成預習，之後才上課。所以，由少數學生
或學習能力較高學生開始翻轉教學，是較明智的風險管理
策略。即是在老師成功翻轉第一年後，建立了自信心，才
嘗試轉教學習能力較弱的學生。當然，翻轉也不能一成不
變，對學習動機及能力較弱的學生，老師翻轉也必須作出
調整。例如，可否多給時間讓學生預習？可會考慮在課內
翻轉，即學生使用課堂開始的時間觀看影片，然後才作課
堂活動？老師可會深入了解某些學生長期不預習的原因，
並提供個別關懷輔導？老師需因應不同學生的能力及情況
而作適當調整，因材施教。

3

影片內容與課堂掛鉤

預習影片內容必須與緊接的課堂活動及內容聯繫，這

是重點。從學生角度來說，預習就是為了應對課堂更高階學習的需要，老師必須讓學生覺得預習是有實際作用，學生才能持續地做。試想像，如果一個學生在預習學得的知識，並不能在課堂中使用，甚至與課堂無關，這就大大降低學生預習的動力，甚至有機會使學生誤解不做預習也沒有甚麼大不了。這也是過去多年來，預習在教學中沒有得到太多肯定的原因之一。現在，翻轉教學就是重新肯定預習的必要。

4

影片內容與教學掛鉤

那麼教學影片到底要拍甚麼？是講解最基本的學科知識，還是講解艱深的議題？太簡單的教學影片，學生覺得沒有需要看；太難的教學影片，學生看了未必看得明白。因此教學影片要拍甚麼，這的確眾說紛紜。給大家一個簡單的原則，影片的內容必須與課堂緊密結合。影片內容要足夠學生完成自學後，回到課堂進行探究式學習。換句話說，影片是課堂高階思考的基礎。老師應先想清楚學習目的，詳細列明學習成果的展現內容，再反過來想第一步應該怎樣開始、引入影片內容、提問設計等，所以影片與教學必然是緊密扣連的。

5

要定期跟進學生有否預習、堅持翻轉

學生不預習，老師就有責任跟進。跟進的意思，是引導學生完成老師期望他們要完成的預習、課業，否則學生就會覺得預習不需要認真對待，因為即使不做也不用承擔後果。跟進學生不預習，不建議用懲罰手段，因為從各個教養方法的研究中，已證實沒有長期效果，而且對學習更有負面影響。正向教養（*positive discipline*）提倡的方法，就是利用「鼓勵」。當然，跟進學生不預習是困難的，尤其是在翻課的開始，老師對此新教學法還未完全建立信心，所以這時候就更需要老師的堅持，保持繼續下去的意志。對一些長期不主動預習的學生，老師可透過平等的對話，了解他們對學習失去興趣及動力的原因，並提供適當及可行的支援。

6

共享影片及教學資源，鼓勵同事一起翻課

單打獨鬥需要有堅毅的意志，然而，倘若能在翻課的路途上有志同道合的同工一起，相信必能事半功倍，遇到困難時能有同伴互相支持、打氣，堅持下去。而且萬事起頭難，如果您是學校裏唯一進行翻課的老師，何不試試開

放自己現存的教學影片，利用網上教學平台分享給校內其他同事，再配置相關的教學流程供同工參考。這無私的舉動可能會讓其他同事嘗試翻課，一傳十，十傳百，既有助推廣翻課，又可增加志同道合的人，互勵互勉。

7

有其他老師支持，尋找同路人，組成群體

如果在校內能有若干翻轉老師一同協作，互相勉勵，而學校亦能提供相應行政措施，這是最理想的情況。可是，現實中這情況未必會發生，甚至有機會是校內只有一位老師在翻轉。那麼，老師如需要支援，就必須聯繫校外翻轉老師團體，包括境內與海外。例如香港翻轉教學協會，是香港首個以翻轉教學法為宗旨而成立的老師群

體，而境外也有 Flipped Learning Global Initiative（FLGI），由美國最早期翻轉的老師之一強納森·貝格曼（Jonathan Bergmann）成立，提供網上認證課程，可讓老師詳細檢視自己翻轉教學的操作及理念。

8

善用科技

翻課並不要求老師有甚麼神乎奇技的資訊科技技術，否則只會是任教 IT 的老師才能進行翻課吧。時至今日，科技在教育的應用愈見普及，但技術再好，能善用才是最重要。推行翻課時，若能善用科技便可大大提升成功機會。同工必須按校情選定合適的學習管理平台或應用程式，盡量以簡單易上手的介面為主，也要顧及學生使用教學影片的方便程度，令他們持續預習。老師亦需要做足事前的準備工夫，分別以老師及代入學生的身份去測試屬意的學習管理平台或應用程式，切勿急於引入各式各樣嶄新的科技，否則只會流於片面，帶來反效果。

翻課老師需要具備的特質

1

勇於嘗試

「物競天擇，適者生存」這句話中的前部分正是人類生存環境的變化。「物競」是指人與人、人與自然之間各自以本身能力通過競爭。在競爭過程中，要怎麼辦才能成為「適者」？達爾文與奧巴馬都告訴我們：「改變！」另一角度，改變不是期望別人或環境改變而遷就你，而是自身嘗試去改變、適應。如同二十多年前，我們還用「天地線」或「大哥大」、「愛立信」、「摺疊手機」、「香蕉手機」，現在智能手機已日新月異，難道我們不是一直嘗試改變適應？難道還要求教學環境和學生們都回到過去？教學模式不隨時代改變、不嘗試新的挑戰，那還會是「適者」嗎？

　　這在「翻課老師」身上還擁有「勇於」嘗試這態度！在嘗試改變的過程，必然遇到大大小小的辛酸、挫折與氣餒。該停滯不前、擦乾眼淚再上路，還是卸甲歸「田」、重回舊路？請加入我們的同行中，我們會告訴你答案！

願意分享

　　翻轉課堂需要老師在課堂內利用有創意的活動，引領學生主動學習知識。要創作出合乎學科內容，既有創意，又可以令學生學得開心的課堂活動，只留在教員室內備課是做不到的。所以，要成為一個翻課老師，多與其他人分享及交流，以及推動這些活動，是必不可少的。分享及交流的方法有很多種，最容易的就是到研討會分享自己的翻課成果，透過準備分享、分享的過程及分享後聽眾的提問，你將會對自己翻課的過程有更深入的了解。另外更直接就是開放課堂，這個方法能夠令觀眾直接看到學生的反應，無論是任教的老師或觀課的老師，衝擊也會更深。透過這些分享，你的翻課能力及翻課的風氣也會同步提升，何樂而不為呢？

3

希望學生學習更好

翻轉教學,是為了甚麼?就是為了學生能夠學習得更好、更有效率、更深入。翻課老師,跟眾多的教育工作者一樣,希望學生能學以致用,對學習產生興趣,並掌握技能,以應付變化急速的廿一世紀。只是翻課老師用的方法,與傳統教學一刀切(one size fit all)的方法是有所不同。翻課老師透過善用科技的威力,改革整個教學流程,增強照顧不同學生的能力,弱勢的學生可以變強,強的學生可以更強。簡而言之,就是希望學生學習更好。

4

願意改變

教育行業在社會眼中算是較穩定的行業,但今時今日老師肩負的教學及行政工作已令人吃不消,令部分老師較抗拒為教學模式作出改變。要成為翻課老師,老師本身必須抱著願意改變,甚至樂意去作出改變的特質。這特質不必是與生俱來的,老師可先對自己的教學模式作出反思,嘗試透過各類教育研討會去增廣見聞,被激勵後才由小步子的改變開始。

5

堅忍

要應付翻課初期出現的種種問題及困難，以及心理上的調整，翻課老師需要堅忍。翻課的困難可以來自四方八面：學生、家長、同事、學校管理層及老師自身的限制。重新備課需要堅忍，訓練學生自學需要堅忍，向家長解釋翻轉教學需要堅忍，等待同事、學校管理層對翻課的理解需要堅忍。所以，翻課老師若對學生學得更好擁有熱情，就較容易擁有堅忍心態去應對困難，這也是心理學中堅韌不拔（grit）的個人特質之一。

6

掌握課堂流程、清楚教學主線（反思型老師）

教無定法，翻轉教學也不是一本通書走到老。不同的教學法、提問法都能與翻轉教學緊密結合。翻轉教學是老師透過不斷的反思而設計的教學。我們常常說「以學生為中心」，學生、課題、考核方式、科技程度不同，老師就要有不同的應對方法。所以翻課老師不能自稱是某派的信徒，就只用某派的方法教學，這樣只為畫地為牢。雖說變幻原是永恆，但也有一些不變的原則，掌握每一個課題的核心問題，以終為始，設計課堂，確保不會走偏。

7

有面對挑戰、質疑的壓力

所有創新的想法都會伴隨挑戰與質疑，翻轉課堂的老師都是勇敢的人，願意踏出革新的一步，挑戰來自四方八面，學生、家長、同事、上司、其他同工，甚至社會大眾。如果因為質疑就卻步，大概所有的創新變革都會胎死腹中。面對挑戰與質疑，老師必須抱持正向思考，分離課題，分清攻擊是對人還是對事。有些反彈是來自對考試的憂慮，對子女的緊張，並不是「翻轉課堂」的錯，也不是老師的錯，只要多加溝通與體諒、調節變革的步伐，便能避免很多衝突。這樣，路才能走遠。〈庖丁解牛〉早就教導我們，保養身心，才能游刃有餘。照顧好自己的身心靈，才能有創新的力量！如果自己無法解決，嘗試多找同路人傾訴心事，找夥伴同行，不只是取暖，而是找對的方法，更有力量前行！

8

願意主動到其他地方的學校學習、交流

雖然香港每所學校只有幾百到一千多名學生，但每位學生背後的故事和成長經歷不一，各人的能力和需求都不同，時刻在影響我們的教學。面對這樣的差異，我們的裝

備足夠嗎？雖說香港每天有大小不同的教育培訓課程、研討會，但每所學校、每位學生的情況都不一樣，不能直接套用課程教授的理論，實踐時需因應個別情況而調整。不過，未必每位老師都能即時知道如何調整，此時，老師的教案分享就十分重要，值得參考。教師與教師之間的交流、互動，往往能刺激教學，而且這種交流只有到達現場才能真實體會！

對於「翻課老師」來說，在香港學校交流已遠遠不能滿足需求。很多時候，他們都自掏腰包、犧牲假期、主動到香港以外的教室觀摩其他老師的教學現場，與當地師生交流；觀課結束後，更馬上與同團的香港老師們再互相交流。這些老師主動反省自己的教學現場、積極尋找解決方案、充滿熱誠地求知，正正是翻轉教學所需要的老師特質。

作者簡介

夏志雄老師 ｜ 香港真光中學資訊科技主任，任教數學科及資訊科技科廿多年，對融合科技及教育特別感興趣，對翻轉教學更是情有獨鍾。二〇一六年創立香港翻轉教學協會，是香港第一個以翻轉教學法為核心的教師學會，目的是推動香港教師投身翻轉教學運動。同時擔任教育局資訊科技教學督導委員會委員，也是教育局的借調老師，經常到各校主持教師發展日及電子教學工作坊，推動創新教學不遺餘力。

蕭煒炘老師 ｜ 德蘭中學科學科主任，任教初中科學及化學科，香港翻轉教育協會科學科召集人。喜歡追尋新知識，並熱愛嘗試創新教育法，鼓勵學生將學科知識與日常生活連繫，從而激發學習動力及創新思維。曾修讀美術與設計教育課程，熱愛設計與思考，深信教育不一定只能在學校的課室發生，學習機會隨處在，希望鼓勵學生在日常生活中多運用設計思維（Design Thinking）及視覺化思維（Visual Thinking），作為另一種學習方式。

林振龍老師 ｜ 香港管理專業協會羅桂祥中學助理數學科主任，香港翻轉教學協會數學科召集人。在二〇一四年因為參加了侯傑泰教授及夏志雄老師的講座而開始了「翻轉課堂」之路。在校內任教高中數學科及數學延伸部分，所以翻轉課堂主要是為學生提供更多學習資源，令學生更有能力自主學習數學。

鄭淑華老師 ｜ 香港華人基督教聯會真道書院專業發展主任、中文科統籌，任教 DSE 和 IBDP 課程，同時是香港翻轉教學協會副會長兼中文科召集人、蘋果傑出教育工作者（Apple Distinguished Educator）、台灣親子天下評選教育創新 100 領袖。相信翻轉不一定是拍影片，一張紙、一支筆也能翻轉。翻轉只是手段，不是目的。創造以學生為中心的課堂才是我們的堅持，透過不斷實踐與反思，帶你走進不一樣的課堂。flippeducatorshk@gmail.com 歡迎交流。

薛子瑜老師｜余振強紀念中學中國歷史科主任，任教中國歷史科及通識科多年，對結合科技、心理學及翻轉教育非常投入；同時是香港翻轉教學協會人文學科召集人。希望通過翻轉教學改變傳統填鴨式教學，喚醒學生的興趣，讓他們主動投入每天的生活和學習；並宏揚教育同工的初心與熱忱，為未來香港儲備人才。深信翻轉教學為學生、為教育未來、為香港未來帶來巨大的推動力。

梁靜巒老師｜香港浸會大學附屬學校王錦輝中小學英文科助理主任，曾於香港中文大學就讀英文教育碩士課程，現正在香港演藝學院攻讀戲劇藝術碩士。同時為蘋果傑出教育工作者、香港翻轉教學協會英文科召集人，以及美國 Flipped Learning Global Initiative 的 International Faculty Member。希望透過翻轉教學、電子學習及戲劇教育，令學生能更熱誠、更有效地學習二十一世紀社會必備的技能，為未來作好準備。

李智偉老師｜賽馬會體藝中學資訊科技統籌組主席、資訊及通訊科技科副主任，同時是香港翻轉教學協會資訊及通訊科技科召集人。畢業於香港大學資訊科技教育碩士，熱衷於在教學上運用資訊科技提升教學效能，在課堂內強調以學生為本的混合式學習（面對面及電子學習並重），以達至理想的學習成果。近年積極參與教師發展及培訓，分享教學經驗及主持工作坊，盼望與更多同工交流，彼此學習。

張展瑋老師｜現於瑪利諾中學任教通識教育科及倫理與宗教科，亦是香港中文大學學習科學與科技中心成員、報章專欄作者。畢業於香港中文大學，主修通識教育，副修歷史，曾留學法國巴黎政治學院，主修國際關係與人文學（哲學）。畢業後繼續從事與教育相關的工作，專注於如何有效應用資訊科技於教育這議題上，特別是翻轉教學、戶外教學及 VR 教學，深信教育是為成就學與教雙方更美好的生命，並持續為學生裝備二十一世紀社會所需要的技能、擴闊視野及深化獨立批判思考而努力。

二〇一六年五月十四日，「香港翻轉教學協會」在香港大學百周年校舍舉行的

第一次聚會，當日共有七十多位同工出席，場面令人鼓舞！

翻轉 Teach and Learn
8 位老師帶你走進不一樣的教室

責任編輯：周宜玲
書籍設計：陳偉
插圖：Vian Siu
作者：香港翻轉教學協會
出版：三聯書店（香港）有限公司
香港北角英皇道四九九號北角工業大廈二十樓
Joint Publishing (H.K.) Co., Ltd.
20/F., North Point Industrial Building, 499 King's Road, North Point, Hong Kong
香港發行：香港聯合書刊物流有限公司
香港新界大埔汀麗路三十六號三字樓
印刷：世和印製企業有限公司
台灣新北市中和區錦和路五十三號四樓
版次：二〇一八年九月香港第一版第一次印刷
二〇一八年十二月香港第一版第二次印刷
規格：大三十二開（140mm x 198mm）二五六面
國際書號：ISBN 978-962-04-4393-0
© 2018 Joint Publishing (H.K.) Co., Ltd. │ Published in Hong Kong

三聯書店
http://jointpublishing.com

JPBooks.Plus
http://jpbooks.plus